传统文化的
传承与创新性发展研究

张贻春◎著

山西出版传媒集团

三晋出版社

图书在版编目（CIP）数据

传统文化的传承与创新性发展研究 / 张贻春著. --
太原：三晋出版社，2023.5
ISBN 978-7-5457-2727-2

Ⅰ. ①传… Ⅱ. ①张… Ⅲ. ①中华文化—研究 Ⅳ.
①K203

中国国家版本馆CIP数据核字（2023）第083433号

传统文化的传承与创新性发展研究

著　　者：张贻春
责任编辑：张　路

出 版 者：山西出版传媒集团·三晋出版社
地　　址：太原市建设南路21号
电　　话：0351-4956036（总编室）
　　　　　0351-4922203（印制部）
网　　址：http://www.sjcbs.cn

经 销 者：新华书店
承 印 者：北京兴星伟业印刷有限公司

开　　本：720mm×1090mm　1/16
印　　张：7.5
字　　数：150千字
版　　次：2023年9月第1版
印　　次：2023年9月第1次印刷
书　　号：ISBN 978-7-5457-2727-2
定　　价：58.00元

如有印装质量问题，请与本社发行部联系　电话：0351-4922268

前　言

　　中华优秀传统文化是中华民族弥足珍贵的精神财富,是中华民族凝聚力和创造力的源泉。我们中华民族是世界上最伟大的民族之一。从很早的古代起,中华民族的祖先就劳动、生息、繁衍在这块广阔的土地上。数千年的上下求索,数千年的历史发展,数千年的文明演进,中华各民族人民共同创造了与山河共存、日月同辉的优秀传统文化,留下了无与伦比、丰富多彩的历史文化遗产。

　　当今世界各国之间竞争激烈,决定一个国家在国际舞台上处于何种位置的关键就在于综合国力的较量。传统的军事实力、经济实力的强弱已经不能完全反映一个国家的综合国力,当今世界各国的较量越来越取决于科学技术和文化的较量。优秀传统文化的思想遗产至今仍然有突出的价值,积极继承和弘扬优秀传统文化有利于培育和践行社会主义核心价值观,有利于推进国家治理体系和治理能力现代化,还有利于提升国家文化软实力,有利于塑造和树立良好的国际形象。优秀传统文化对培养中华民族的民族自豪感、责任感以及民族自尊心、自信心方面有着突出的价值。

　　中华优秀传统文化蕴含的基本精神、颂扬的民族气节、推崇的优良道德,是我们民族精神的重要组成部分。中华优秀传统文化展示的哲学成就、史学辉煌、美学魅力、伦理境界、文学硕果、艺术宝藏、科技成就及文物古迹,是我们民族昨日的辉煌,也是我们今天继续奋进的基础。中华优秀传统文化孕育出的杰出政治家、伟大思想家、优秀文艺家、著名科学家、非凡军事家、不朽民族英雄,是我们民族引为骄傲的优秀代表。中华优秀传统文化对亚洲、欧洲乃至世界文明发展进程的影响和推动,是我们民族对世界、对人类的伟大贡献。

继承中华优秀传统文化是文化创新发展的需要,是社会主义实践的需要,是中华民族伟大复兴的需要。弘扬是在继承基础上的发扬,是在实践中自觉加以贯彻、提倡、发挥。只有通过创造的继承和有继承的创造,才能在文化的发展中使文化的连续性和创造性得到统一。对传统文化的普遍内涵进行新的诠释和改造,以使其焕发蓬勃的生命力。

目　录

第一章 优秀传统文化概述

第一节 优秀传统文化的内容

一、传统的含义与特征

我们人类生活在现实世界中,传统就像空气一样充斥在我们四周,影响和塑造着我们每个人的生活。在时间的进程中,文化以一个统一体存在于我们人类的意识中,就是在于它是以"传统"的形态出现的。传统是一个民族的文化遗产,它是整个民族所有人们过去创造的各种精神、思想、价值观念、行为规范等,是本民族在长期的历史实践中、在改造世界的过程中不断累积凝练而成的稳固元素,它是一种历经持久延传、反复出现的东西。它使得民族内部代与代之间、每个历史阶段之间保持着连续性与同一性,将他们连接在社会的根本结构之中,也铸就了一个社会自我更新自我发展的密码,并为人类的生存与发展带来了秩序和意义。简而言之,传统就是"世代相传的东西,任何从过去延传至今的东西"。我们每一代人现在进行的文化创造活动都不可能空手起家,不可能在零的基础上起步,今天我们进行的每一项文化创造活动,所产生的新思想、新观点、新方法和新境界、新成果都受到过去既存文化心理的影响,对过去义化选择和依存的程度直接影响到今天文化创造的效果。因此,人类对自身整个民族社会文化的积累,构成了我们思想文化不断进步的背景环境,人在现实生活中精神与内心的需求与过去传统的某种精神与思想相契合,使得传统在现代的价值日益凸显。"传统是必需的,而且总是应该坚持,因为它们给予生活连续性并形成生活。"

从最简单的意义上来理解,传统是一种历史的重复与持续,它具有以下几个明显特征:

(一)延续性

传统体现出了民族、文化的凝聚力和延续性。在文化时间和空间的坐标系中,传统是流动的,它在人类基因上打上烙印,伴随人类的一生,一代又一代传递下去。希尔斯认为一种文化或者习惯要成为传统至少要经过"三代人的两次延传",因此时间的连续性是传统的显著特征,传统能够以一种特殊的形式延续很长时间,它体现了历史不断重复的惯性运动。例如,儒家文化历经先秦儒学、汉唐经学、宋明理学、清初朴学、近代新经学和现代新儒学,延续了两千多年,对于中国的政治、经济和社会产生了巨大影响,并将延续至未来。所以"传统是流动于过去、现在、未来这整个时间中的一个过程,而不是在过去就已经凝结成形的一种实体"。不同的文化类型在各自演进的时空里,凝结成延续自身血脉和基因的传统。

(二)同一性

一个社会不仅仅只存在一种传统,多种形式的传统并存于这个社会之中。在林林总总的众多传统中,一定有一种传统占据核心地位,影响其他传统的变化和发展。居于主导地位的传统就是文化特质。"作为时间链,传统是围绕被接受和相传的主题的一系列变体。这些变体间的联系在于它们的共同主题,在于表现什么和偏离什么的相近性,在于它们同出一源。在一个外部观察者看来,在延传和承袭的相继阶段或历程中基本上保持着同一性。"

(三)规范性

"传统是一种规范的行为准则,是真理的一种形式。"传统既然是经过历史不断沉淀而延续至今的精神气质、思想观念、制度礼仪、风俗习惯和语言文字等内容的总和,那就形成了一个价值和行为规范的综合系统。任何传统在传承的过程中,无论是描述性的事实,还是科学性的原理,其最终目的都是希望人们去肯定它和接受它,在于指导人们的行为。因此,通过反复性的强调,不断强化规范性的效果,为人们树立价值导向和行为规范。"重现是规范性效果——有时则是规范性意图的后果,是人们表现和接受规范性传统的后果。正是这种规范性的延传,将逝去的一代与活着的一代联结在社会的根本结构之中。"传统有可能是过去一切的事物,每一个人乃至每一代人所接受的教育,都是在接受一种规范性的引导,当人类在进行改造客观世界的活动时,会不由自主地选择已有的主观规范评价和理解正在改造的客观世界。如果一旦失去了传统的规范性,人类在改造世界过程中所产生的文化行为都将是不可想象的。因此,在历史不断重复的惯性作用下的传统产生了规范性,它长期支配社会在保持着特定规范有序的模式下实现良性运行。

(四)动态性

任何事物都是变化发展的,传统也不例外。传统在人类代代相传的过程中,不是一成不变的延续下来,其不断发生变化,以不同的形式继续繁荣发展。吉登斯认为"传统总是在变化之中",没有不变的传统,从古至今每一种传统都会因时空差异而产生内容和结构的变化。这是由于那些已经从传统中汲取了营养的人们总是希望在原来的基础上创造出更加真实、更加完善或更加方便的东西,因此他们不断阐释、创新和改变传统。传统的动态性就是由主体参与和历史选择的结果。所以以传统方式存在的传统越来越少,传统在动态的发展中不断被丰富和完善。传统在历史的时空里不断延续和更新,它不仅仅存在于当下,去延续过去,同时也包蕴着未来。

传统文化是一个历史范畴,是在过去长期历史进程中形成发展起来的,主要包含了一切理论化和非理论化的具有稳定的社会结构的共同精神、心理状态、意识形态、思维方式和价值取向、社会行为、道德伦理、规章礼仪等物质和精神成果。因此,历史的延续性是传统文化的显著特征,传统文化的发展是在历史岁月不断演进中实现的。无论哪个民族的传统文化都有其特殊的内涵和占据主流的精神心理,这是传统文化中最为稳固的元素。同时,传统文化不仅包括呈现在我们眼前的科技、建筑、文学、艺术等成果,还包括了那些深藏在我们内心的道德伦理、审美取向、心理趋向和思想观念等,它们通过日常的教育和规范渗透进我们的思想深处。

在对传统文化的阐释和辨析中,往往与文化传统相互混淆而谈。庞朴先生比较早地提出了要将两者区别看待。"传统文化是过去的已经完成的那些东西",是"死的";而"文化传统则是……那个活的东西"。这种观点得到了汤一介先生与丁守和先生的认同。汤一介先生认为,文化传统是指活在现实中的文化,是一个动态的流向;而传统文化是指过去的文化,是一个静态的文化。丁守和先生则认为,文化传统与传统文化两者的不同主要体现在范畴上。传统文化包含文化传统,文化传统主要反映传统文化里面精神层面的内容。同时,传统文化与文化传统两者都是历史在当代的延续,都具有社会两重性,能够传承到现代。

中国传统文化是中华民族历代先辈传承下来的,包含思想观念、政治制度、社会伦理和物质财富等,它是历史的产物,但不是陈列品,有着鲜活的生命。传统并不仅仅是一个管家婆,只是把它所接受过来的忠实地保存着,然后毫不改变的保持着并传给后代。它也不像自然的过程那样,在它的形态和形式的无限变化与活动里,永远保持其原始的规律,没有进步。中国传统文化历史悠久,它孕育于夏商,繁荣于两周,定型于秦汉,转型于清末。从早期的原始社会到封建社会末期,上下三千年。发展至今,"中国传统文化以其所蕴藏的理想精神、思想观念、社会伦理和治理规范等每时每刻都影响今天的我们,为我们建设一种全新的文化提供历史背景和历史资源。

二、中国传统文化的基本概念

(一)文化要素与文化结构

构成文化基本结构的一些必要成分,称为文化要素。一般认为,构成文化的要素有器物要素、认知要素、符号要素、关系要素、规范要素等各种基本成分。

器物要素是人类通过适应、利用和改造自然而创造出来的一切物质产品和人工环境,具有物质的特征。由人发明和创造出来的一切器物,如工具、武器、服饰、食品、种植物、养殖物、建筑物等有形产品以及村庄、工厂、城市、市场、道路、车站、机场、水库、公园等人工环境,既是有形的器物文化部分,同时也属"物化的精神文化",因为它们都凝聚着人的知识、能力、观念和需求,反映人类的价值观念和认知程度。器物要素对于人类的生存、生产以及发展具有重要的价值和作用。

认知要素是人类对自然界和人类社会的感知以及思维信息处理的智能活动,包括从感觉的输入到复杂问题求解的一系列活动过程。认知要素是文化要素中最有活力的部分,是渗透于其他各文化要素中的灵魂。认知要素为人类主体提供了观察世界、了解社会、把握现实的方法和手段,并且提供了评价行为是非和事物好坏的标准与尺度。它主要包括人们的心理感知、思维方式、价值取向、人文关怀、伦理道德、审美情趣等。认知要素是人类一切创造活动的动力,没有它人类便无法从自然界分化出来,它直接关系到人类认识和改造世界的意愿和能力,关系到选择什么样的生活目标和生活方式。人类创造的一切物质产品和非物质产品,都体现着创造者的认知程度和水平,其中思维方式和价值取向是认知要素中的核心。

符号要素是人类文化的最基本形式,是人类创造、传播和存储文化的基本手段和工具,人类通过符号创造、认识和继承文化。作为文化载体的符号要素,最主要的特征是具有表意性,它包括了语言符号和非语言符号。人类只有借助某种符号才能交流,无论是通过表情、姿势、声音还是文字、图形,人类之间只有沟通才能够协调生产劳动和社会活动,人类通过互动来创造文化。由人类创造的一切文化内容,只有借助于非语言符号或语言符号,才能反映出来、传播开来和传承下去。符号要素是人们之间互动的基本途径,通过符号要素人们可以学到以往的传统文化,也可以通过符号要素来创造新的文化。符号要素也在不断发展,在其发展的过程中逐渐形成更加完整的要素体系。例如,随着数字化、多媒体技术时代的到来,其存储介质的作用和功能正在迅猛地扩大。

关系要素是人在社会共同生活中结成的各种社会关系和社会组织的总和。人与人结成的相互关系,既是文化的一部分,又是创造各种文化要素的基础,其中生产关系是各种社会关系的基础。实现社会关系的实体是社会组织,社会关系的确定和维系,都需要家庭、氏族或者经济组织、政治组织、军事组织、教育组织、娱乐组织等作保障。

规范要素是指人的社会规范,是反映人们活动秩序和约束人们行为的准则,它包括明文规定的法律、条款、规章、制度和约定俗成的风俗习惯等。规范要素既规定了人们活动的方向、方法和式样,又使人们知道哪些可以做、哪些不可以做、应该怎样做、不应该怎样做,并具有一系列处罚违反规范的机制。规范要素反映和调整着社会的个体与个体、个体与群体、群体与群体以及全部的社会关系。规范要素是文化价值观念的外在表现,是人们在社会实践中为了满足其需要而建立的,认识规范要素的外显特征有助于人们了解社会组织的文化。

文化不仅表现为上述各种要素的组合,而且各要素之间也有内在的结构关系。一般来说,文化的诸多要素都不是孤立的,它们在特定的文化结构中发挥着应有的功能,实现着应有的价值。人类文化的结构是千姿百态的,类型是五花八门的。认识中国传统文化的类型,要经过选择比较,区别出那些被确定为具有关联功能的不同文化结构,再从不同的结构和视角对文化的形态和功能进行划分,这就是文化的分类。按中国传统文化的外延进行分类,由于选择特征的价值取向不同,进行比较的功能关键点和审视特征的焦点也会有差异,所以存在着各种各样的区分标准,人们把中国文化划分为许多不同的结构类型。学者们一般是按照要素结构、时空、社会群体等来对中国文化进行分类的。

按照文化的要素结构分类,因文化的结构形式较多,所以存在着数种不同的划分方法。两分法把文化划分为广义文化和狭义文化、物质文化和精神文化、表层文化和核心文化、显性文化和隐性文化、制度文化和非制度文化等。三分法把文化划分为器物文化、行为文化、心态文化。四分法把文化划分为物质文化、精神文化、制度文化和行为文化。五分法把文化划分为器物文化、认知文化、符号文化、规范文化、关系文化。

按照文化的时空结构分类,存在着两种不同的划分方法。

第一,文化在历史发展上存在不同时间层次,每一个层次反映不同时代文化各要素所积累的平面分布。时间分类表现了文化的经历时态,反映的是立体纵向的发展过程,可称之为文化层的积累划分。按照中国传统文化的发展阶段分类,可划分为中国传统文化的起源、中国传统文化的奠基、中国传统文化的演进、中国传统文化的鼎盛、中国传统文化的衰落、中国传统文化的转型等。按照文化发展时代分类,也可划分为传统文化与现代文化。

第二,文化在一定区域或特定的地带与环境下所创造的共同生活样式,其内容和形式都是具有一定空间结构特征的。空间结构分类表现了文化的特征在文化圈范围的分布状态,反映的是平面横向的差异,可称之为文化空间结构特征的划分。按文化圈的核心与周边的结构分类,可划分为中原地域文化、周边地域文化。按文化圈内部的不同地域结构特征分类,可划分为齐鲁文化、燕赵文化、关中文化、三晋文化、荆楚文化、巴蜀文化、吴越文化等;或者北京文化、上海文化、广州文化等。

中国传统文化的社会群体结构分类,是指按照社会群体和组织的不同而划分的文化结构。按社会的阶层结构分类,可划分为上层的文化、中层的文化和下层的文化。按社会的主体地位结构分类,可划分为宫廷官僚文化、民间文化;还可以划分为精英文化与大众文化,或者雅文化与俗文化。按中国的民族成分分类,可划分为汉族文化、藏族文化、壮族文化等,共计56种名族文化。按中国历史上的文化主次地位分类,可划分为主流文化、亚文化。按社会生产功能的文化分类,可划分为农业文化、工业文化、商业文化、服务文化等。

中国传统文化多姿多彩的结构特征决定了它的分类意义,其本身所包含的复杂结构又决定了不可能只有少数区分类型的模式和标准。进行结构分类的目的在于认识中国传统文化中的某些核心特征以及认识某些核心特征在中国传统文化这个共同体中的地位和作用,分类研究并不是要对中国传统文化的全部元素无休止地分解下去,绝不能把文化的分类无限庸俗化。

最后,我们来简要地认识物质文化和精神文化这两大结构类型。

物质文化又称物态文化,是以物化形态存在的文化,它是人类作用于自然而创制出来的各类器物,是人的物质生产活动方式和产品的总和。物质文化既是实体文化,也是"物化的精神文化",因为物质文化中包含着人类的知识力量。物质文化构成整个文化创造的基础,没有物质文化,也就谈不上精神文化。中国传统文化中的物质文化包括工具文化、工艺文化、饮食文化、服饰文化、居住文化、交通往来文化、日用器物文化等。文化既以物化形态存在于客观世界,又以意识形态存在于人脑之中。精神文化既是在人类一切社会实践和意识活动中产生的精神产品,又是人类特有的创造物质财富的精神财富。中国传统文化中的精神文化包括我国历史上人们在社会实践和意识活动中长期孕育出来的哲学学说、科学技术、价值观念、艺术审美、思维方式、伦理道德、心理活动以及一切意识形态等主体因素构成的精神领域的成果。一个时代的精神文化不仅集中体现在该时代的思想理论体系中,而且更广泛地体现在各种社会风尚之中。

(二)中国文化与民族文化

"中国"一词,最早出现在商末周初的青铜器铭文上,1963年,在陕西省宝鸡市贾村出土的青铜器何尊铭文曰:"惟武王既克大邑商,则廷告于天曰:

余其宅兹中国,自兹乂民。"另外,《尚书·梓材》曰:"皇天既付中国民越厥疆土于先王,肆王惟德用。"何尊为西周成王时的青铜器,但由于追述武王祭告于天而言及中国。故"中国"这一名称源于武王时期,是可以肯定的。

"天圆地方,国在中央。"中国一词最早的含义是地理位置,是指天子的京畿。周灭商之后,中国也指以丰镐、雒邑为中心的黄河中下游地区的诸侯国,也逐步有了"中原""中华"的含义。严格地说,我国古文献中的"中国"不是一个专有名词,而是作为一个形容词指某个地理位置,只是历史上中国的中心部分。古代中国的中心部分是明确的,而边界是模糊的。所以,古文献中的"中国",不等于今日中国的范畴。

从秦统一到民国前两千多年的封建时代,"中国""中华"基本上是作为华夏王朝和政权的通称,"中国""中华""华夏"基本上通用,中国即中华。但是,中国一词又与民族意义相关,西晋衰亡之后,东晋和南朝均以中国自居,而建立北方政权的"五胡"也认为自己占据了"中国"的地盘,当然就成为"中国"。"中国"之争,在隋朝统一之后才告终,南北都被承认为中国。由于各个封建朝代和政权都有自己的国号,所以,"中国"的概念似乎一直比较模糊,到西方殖民势力向东方扩张时,中国作为主权国家的概念才真正明确起来。1689年《中俄尼布楚条约》签订时,清朝康熙皇帝派遣索额图以"中国大圣皇帝钦差分界大臣、议政大臣、领侍卫内大臣"的身份,作为清政府的谈判代表,与俄罗斯政府派遣的谈判代表戈洛文签订了条约,这是在国际文书上第一次使用"中国"为国家名称。

中国是世界上疆域最大的国家之一,地处亚洲东部,东临大海,西至帕米尔高原,南至热带,北至北温带的北部,境内有广阔的沃野,有茂密的森林,有众多的河流,有无数的湖泊,有纵贯南北的崇山峻岭,有辽阔的海域和绵长的海岸线。中华文化源远流长,距今五千年前,中国的先民已遍布祖国各地,他们创造出了以丰富多彩的陶器为代表的新石器文化;华夏族在夏、商、周三代,创造了辉煌的青铜文化和甲骨文、金文;后来又发明了指南针、造纸术、印刷术和火药等。约在商周和秦汉时期,巴人、蜀人、楚人、吴人、越人、骆越人、滇人、匈奴人、东胡人等,都相继创造了自己的青铜文化,少数民族还创造了藏文、突厥文、回鹘文、契丹文、西夏文、女真文、蒙古文、彝文、傣文、满文等。在历史上,中国文化为世界东方最先进的文化,对古代世界文化的发展作出过巨大的贡献。

总之,中国文化是指自古至今在中国疆域内由诸多民族共同创造的物质财富和精神财富的总和,又称为中华文化。中国文化(中华文化)是以国别来区分的一种文化,它作为一种国别文化,具有同一性和多维性。一方面"中国""中华"是中国境内各民族的共同称号,中华民族是由国内诸多民族经过几千年的酝酿而融合为一个整体的民族,形成了这样一种统一的共同体文化——中国文化(中华文化);另一方面,中国是一个多民族的国家,每一个民族又有不同于其他民族的文化,所以,中国文化又具有多维性。

"民族"一词的含义有:第一,广义的"民族"是指处于不同社会发展阶段的各种人的共同体,如古代民族、现代民族。有的学者甚至习惯用"民族"一词,来指一个国家或一个地区的各民族,如中华民族。从这种意义上所说的民族文化,即某一国家各民族的共同文化;第二,狭义的"民族"是指人们"在一定的历史发展阶段所形成的具有共同语言、共同地域、共同经济生活以及表现于共同的民族文化特点上的共同心理素质的稳定的共同体"。从这种意义上所说的民族文化,即指汉族的文化或某个少数民族的文化。

中国作为统一的多民族国家形成和发展的历史过程,也就是中华民族多元一体格局形成的过程。几千年的文明史说明,中国的统一是由各民族共同完成的,在共同创造光辉灿烂的中华文化的进程中,各民族都建立了不可磨灭的功绩。汉族是以先秦华夏民族为核心,在秦汉时期所形成的统一的、稳定的民族,是中华民族的主体,汉族在后来的历史发展中也融合了许多少数民族,在统一中华的大业中起了主导作用;汉文化作为中华文化的主体文化,也吸收了许多少数民族的文化。每一个少数民族都有自己独特的文化,每一个少数民族的文化也有自己的历史,这对于中华民族文化的形成和发展是不可缺少的。中国历史上虽然出现过几次大的分裂,但每次分裂最后都被新的、更大的统一所代替。每一次新的统一都促进了各民族社会制度的进步,促进了各民族经济、文化的发展,促进了各民族的互相联系和融合。

由此可见,中国作为多民族统一的国家,是中国历史长期发展的必然结果,中华文化也是中国作为多民族统一的国家长期历史发展的必然结果,这种共同体文化具有强大的包容各民族文化的凝聚力。

(三)传统文化与文化传统

"文化"具有历史性,即文化的纵向性,因为所有的文化都由历史积淀而成。每一个时代都有不同于其他时代的特定的物质生产方式、人与自然的特定关系、人与人的特定关系以及特定的意识形态,所以,其文化必然存在特定性,即文化的时代性或历史性。中国传统文化是指中国历史上的文化,是与中国当代文化相对而言的,它是对中国文化古今不同时代的一种划分,比如,中国文化可以划分为中国古代文化、中国近代文化、中国现代文化,也可以划分为传统文化与现代文化。

有人把"中国古代文化"当作"中国传统文化",在概念上,这是不十分准确的,不能简单地在中国古代文化与中国传统文化之间画等号。中国传统文化是针对中国文化的传承而言的,它强调的是中国文化的渊源和传承下来的客观存在的文化遗产。中国传统文化相对于各民族而言,是指从历史上沿袭、传承下来的民族文化;相对于外来文化而言,是指母体文化或本土文化;相对于现代文化而言,是指历史上流传的文化。传统文化经过了漫长的历史积淀,是历史的综合。文化只有积淀为传统,才是稳定的形态,否则文化无法存在。被传承下来的经过积淀的文化,不论在今人看来是精华还是糟粕,都是中国传统文化的组成部分。中国古代文化只是一个特定的历史阶段,况且这个阶段中部分失传的内容,例如,西周的《周礼》中的许多具体规矩、制度,变成已消亡的文化,就不能再称为传统文化。一个民族的传统文化的发展过程是一个不断扬弃的过程,适应时代需求的传统文化将得到进一步发扬光大。

文化传统与传统文化的含义是有所不同的,两者是既互相联系又互相区别的概念。文化传统是指贯穿于历史各阶段文化中那些有一定稳定性和延续性的文化精神,是被中华民族总体所承袭下来的意识形态中的核心内容,诸如精神、心态、道德、观念、理论、思维方式、行为方式、抒情方式、价值观念等,它是中国人几千年传承至今最主要的心理习惯、思维定式、意识形态。文化传统有稳定性和延续性,无论是从理论上还是从事实上看,文化传统虽然不如传统文化广泛,但文化传统是传统文化的核心,它贯穿于传统文化之中。中国文化传统作用于中华民族的灵魂、思想和行为,尽管文化传统在上层文化、中层文化、下层文化中表现形式不一,但其精髓是一致的,是起共同作用的,中国文化传统是中华民族内聚力的源泉。

文化传统不是一成不变的,它是一个变化的、容纳的、吸收的系统。它虽有排拒性,但又不会把自己已有的文化绝对化,并具有包容性,它能不断地吸收各种不同的文化,不断建构新的文化传统。有些文化传统的渊源不一定全都来自本民族的古代历史,有的来自外部的异质文化,如果这些异质文化与中国文化接轨,被中国人广泛接受了,就可以融入中国文化传统,实现其中国化。

传统文化对当代社会而言,既可以发挥积极作用,也可以发挥消极作用。发挥积极作用的是精华,发挥消极作用的是糟粕。我们对待传统文化的态度是"取其精华,去其糟粕"。挖掘传统文化的精华本身就是对糟粕的扬弃,对那些消极的因素,我们要坚决剔除。有批判才会有继承,否则,笼统地谈弘扬传统文化是不科学的。另外,如果因为传统文化中有糟粕就否定自己的传统文化,这也是错误的。正确的态度是继承传统,超越传统,科学地扬弃,并积极地创造代表前进方向的先进的优秀文化。

中国传统文化是指在长期的历史发展过程中形成和发展起来的,保留在中华民族中间具有稳定形态的中国文化,具体包括思想观念、思维方式、价值取向、道德情操、礼仪制度、风俗习惯、行为方式、生活方式、文学艺术、教育科技、文物典籍等。它是中华民族团结奋进、继往开来、开创美好明天的坚实基础。

综上所述,所谓传统文化,是一个民族的历史遗产在现实生活中的展现,有着特定的内涵和占主导地位的基本精神。它负载着一个民族的价值取向,影响着一个民族的行为方式和生活方式,汇集出一个民族自我认同的凝聚力。

三、中国优秀传统文化的特征

中国传统文化由于其独特的自然地理环境、多民族融合和不间断的历史发展进程,形成了鲜明的个性色彩。概括地说,中国传统文化的特征主要体现在以下几个方面:

(一)群体性和整体性

中国传统文化的核心特征或本质特征是群体性和整体性。"中国社会是以宗法的家庭扩大型为中心而建构的国家。家庭既是庞大的国家、社会的基础细胞,又是人际、社会纵横关系的核心网络。"中国几千年的传统封建社会属于传统农业文明和自然经济社会,传统农业文明和自然经济社会要求通过群体的力量来实现民族的生存与发展,因此中国成熟的、持久的农本社会、乡土社会、自然经济使得中国传统文化把整体价值置于个体价值之上,把群体利益置于个体利益之上。这种群体性精神不是强调确立个体独立人格,也不是强调个体心理特征和性格特点的充分发挥,而是强调一种人们应该具有的对别人、对社会的人伦义务。

中国传统文化的群体性和整体性体现为注重以血缘、亲情为纽带的家庭关系,个体的生存和发展依赖于家庭、国家的生存和发展。中国传统文化的群体性和整体性具有两面性:从积极作用看,对中华民族和统一国家的形成和发展起到了重要作用,并促成了中国整体主义和集体主义的形成与发展;从消极作用看,在一定程度上制约了中国从传统农业社会向现代工业社会发展和民主化发展的进程。

(二)包容性和开放型

中国传统文化海纳百川,兼容并包,在与外来文化的交流与融合中丰富和发展了中国传统文化,使中国传统文化具有强大的生命力和延续力。中国传统文化具有对外来文化的包容性和开放性,其中包括对域外文化的自主性吸收。

从世界历史发展的大背景看,中国与国外进行的规模比较大的文化交流主要有两次。一次是汉代以来印度佛教文化的传入及其在中国的分化,并以或间接或直接的方式介入中国文化发展的历史进程中。佛教文化自传入中国境内后,分化演变为几个宗派,如天台宗、华严宗、禅宗等。经过长期的中国化过程,佛教文化与孔孟儒家思想、老庄道家思想相融合,成为长期主导中国封建社会文化的三大流派。另一次是明末清初以来的西学东渐,西方的历史学、哲学、政治学、社会学、经济学、法学等学术思想向中国的传播,对中国传统文化向近现代文化转型产生了深刻的影响。

(三)多样性和互补性

多样性是人类文化发展的共同特性,就像生物多样性对维持生物圈平衡来说是必不可少的一样,文化的多样性对维护人类文化生态圈来说也是必不可少的。由于人类群体的生存环境不同、语言不同、传统和习惯不同,文化也就各不相同。世界文明是丰富多彩的,只有不同文化互相启发、互相促进,才能构成丰富多彩的文化生态。各种文明相互交流和借鉴,是人类发展进步的不竭动力。

中国传统文化在本质上是多元文化形态。这里的"多元"就文化族群的构成来说,包含华夏文化,同时包括众多民族的文化。

(四)民族性和地域性

文化的民族性和地域性是对一个民族的民族精神、价值观念、思维方式、国民品性、人格追求、伦理情趣等本质特征的直接反映。任何一个社会的文化都是其政治经济的反映,是其地域特征的直接体现,是对该社会历史文化传统的继承,也是区别于其他民族和国家的重要标志。

对中国传统文化而言,既有古代的传统,也有近代的传统,它们所体现的基本价值理念都具有中国风格、中国气派,因此,中华民族文化精神既有吃苦耐劳、生生不息等方面的优点,也有自给自足、缺少冒险精神、重农抑商缺点的典型特征。由于历史、地理、经济、政治和文化流变的原因,中国文化的历史发展曾经具有一定的地域性和封闭性,形成了自成体系的文化。以中国地理特征为例,东面和南面濒临大海,西面紧接雪山,北面是荒漠和严寒地带,这在交通不发达的传统农业社会是一个相对封闭的地区。这种独特的地理环境使中国传统社会长期处于东亚国际体系的核心,并且长期保持大一统的政治文化格局,同时也使中国传统文化能够在一个相对稳定的传统社会形态框架内生长,总体而言,使中国传统文化呈现出一定的封闭性和保守性的文化特征。

(五)统一性(浑然大一统,蕴含多元化)

中国文化源远流长,其所以能顽强地生存发展并绵延至今,究其原因,其最显著的特征就在于它的统一性。自秦在公元前221年,完成了政治上的统一,确立了中央集权的封建专制主义政体;历经两千多年,逐渐形成了一个以华夏文化为中心,同时汇聚了国内各民族文化的统一体,发挥着强有力的同化作用;使统一为主流、为常情,分裂为变态,这是世界上独一无二的一例。为何以欧洲人才之多,却不曾在公元前后同样由一个地方较偏僻、交通也不是很便利的国家(有如波兰和保加利亚)做主,以几代的经营,打败英、德、法、意、奥和西班牙的联军,并吞他们的领土,断绝他们各国皇室的继承,并且将各国文字划一为一种共通的书写系统呢? 这事不但在两千年以前不可能,即使两千年后的拿破仑和希特勒也不敢存此念头。由此可知,中国大一统的先决条件诸如历史地理、政治结构、文化素质等都是其他国家所不可能具备的,这也是中国封建文化达到世界最高水平的基本原因之一。

1.政治的统一。从政治方面看,中国传统文化经历了持久的统一过程。在夏朝建立以前,中国和其他国家一样,也是有许多各自独立的氏族部落。经尧、舜、禹苦心经营,以黄河流域为中心的中原地带趋于统一,但仍保留着小邦林立的局面。"当禹之时,天下万国,至于汤而三千余国。"(《吕氏春秋·离俗览》)"春秋之初,尚有千二百国。"(《晋书·地理志》)这些小邦与当时的奴隶制国家夏、商、周保持一种从属关系,每一个小邦都受宗主国的保护,因此,虽然从形式上看是小邦林立,但它们都有共同的政治、文化中心。《商颂·玄鸟》:"邦畿千里,维民所止,肇域彼四海。"自西周以来,大一统的观念更深深根植于中国人的心中。春秋战国时期,在经济和政治的变更中,出现了诸侯争霸的局面。这从表面上看是一种分裂,但仍保持着中国内在的统一。孔子说:"管仲相桓公,霸诸侯。一匡天下,民到于今受其赐。"(《论语·宪问》)也正是在春秋战国时期,中国出现了两件大事:一是小邦合并成地区性的王国;二是封建制(分封诸侯和附庸的制度)的建立。前者表明,国家的领土范围在扩展;后者表明,国家的政权在集中。这两者显然不是分裂的趋势,而是统一的趋势。正是在此趋势下,秦始皇统一了中国。继秦汉大一统之后,是魏晋南北朝的分裂,随之隋唐大一统,五代十国后则是辽、夏、金、宋、元、明、清。在人类历史上,多次出现过因为异族入侵而导致文化中绝的悲剧,但是在中国,此类情形从未发生,并不是中国没有经受外族入侵,而是因为中国文化具有强大的同化力,多次"同化"了以武力入主中原的北方游牧民族,反复演出了"征服者被征服"的戏剧。

2.民族的融合。文化的发展,是不同民族、不同地区的文化不断融合的过程。中国文化的统一性特征,正是与中国境内各民族的融合息息相关的。在中国文明的初期阶段,黄河流域就是一个多民族共处的地区,西有华夏族,东有东夷族,南有苗蛮族。黄帝战胜蚩尤、炎帝以后,这三大集团所属的各族实现了历史上的第一次较大规模的融合。历史上每一次政治上的统一,往往促成比以前更大、更广泛的民族共同体的形成。商周之际,小邦林立,各小邦都保持着自己民族的习俗风尚。据说武王伐纣时,曾联合八百诸侯打败有众多属国的商王朝,从而建立了周王朝。经过长期的共同生活,种族之间的差别与隔阂也逐渐消失而归于同一(大同而小异)。这是中国历史上又一次较大规模的民族融合。据春秋战国时期的文献记载,中原地区各族与周围的少数民族互相通婚,互相学习,风俗习惯及语言文字逐渐融合。晋文公重耳的母亲是犬戎狐姬,属当时西北地区的少数民族。但晋文公并未因此受到排斥,他后来成为春秋五霸之一,被推为华夏诸邦的盟主。秦汉的大一统加快了全国各民族的融合步伐,在此基础上形成了更大范围的民族共同体。魏晋南北朝更是民族大融合的大舞台。元、清两代是中国少数民族贵族掌权的时代,少数民族入主中原,从相反方向上提供了民族融合的契机,无论从深度或广度上,都为中华民族的统一创造了丰富的物质基础和心理上、感情上的精神条件。

3.思想的提倡。从中国古代的帝王、贤哲一直到中国的普通百姓,都有着强烈的统一愿望。当然,由于所处的地位不同,要求统一的动机也就不同。一般来讲,中下层人士要求统一,是基于对战乱、分裂、割据所造成的生活流离、痛苦的恐惧,因此,只要保持社会的统一,保持生活的安定,宁可社会停滞不前也在所不惜。中国人为社会的统一付出了巨大的代价,当然也从社会的统一中获得了不少的利益。

当历史上的某一个王朝崩溃以后,出现暂时分裂的局面。地方的割据势力各霸一方,但没有一个霸主真正愿意划一方之地以保偏安之局,都毫无例外地极欲兼并其他对手,以成天下之王。就动机而言,可能是对皇帝的宝座早已垂涎三尺,或政治人物的权力欲膨胀。但从效果上说,无不对中国的统一形成一种动力。因此,自秦汉以来,中国统一的时间要比分裂的时间长。

中国古代思想家都有理想主义的大一统思想。墨家的"尚同",是其十大主张之一;儒家的"大同",更是儒家孜孜不倦、积极追求的远大目标。"孟子见梁惠王。问曰:'天下恶乎定?''定于一。''孰能一之?''不嗜杀人者能一之。'"(《孟子·梁惠王》)《庄子·齐物论》就对纷争的诸子表现出一种超越或整合的精神,《荀子》则通过吸收道家的自然天道观和法家的重法思想而整合了儒、道、法三家,把"一天下"作为自己的政治理想,认为"臣使诸侯一天下,是又人情之所同欲也。"(《荀子·王霸》)在荀子看来,作为儒者,"通则一天下,穷则独立贵之庶人。"(《荀子·儒效》)"大儒者,善调一天下者也""齐一天下而莫能倾,是大儒之征也"。(《荀子·儒效》)荀子不仅主张社会和政治的统一,而且主张制度、道德、思想、风俗及艺术、文化等各方面都能有统一的局面。秦汉以后,确实在实践上达到了这一目标,所以董仲舒说,"春秋大一统者,天地之常经,古今之通谊也"。(《汉书·董仲舒传》)他极力推动并促成"罢黜百家,独尊儒术"的文化政策,遂使儒家文化成为中国文化的核心,从而奠定了几千年中国文化统一的基础。

4.统一的文字。中国文字至少从商周时期,就有一贯的发展。从甲骨文到现在的简化汉字,虽然有很大的差别,但有一条清晰可辨的发展演变的道路,从现在的简化字可以一直追寻到甲骨文、金文。中国文字从产生起一直到现在,始终都保持着旺盛的生命力,它并没有因为语言的复杂性而丧失其统一性。

中国的语言极其复杂,就地域方面说,南方与北方之间就有很大差别。同属南方或北方,甚至在同一个省区内,同时有几种方言存在。就时间方面说,它又有古今的差别。但其所使用的文字都是共同的、统一的,未因语言的差异导致文字的差异。这种文字的统一,对中国人群的凝聚、政治的统一、文化的承传、民族间的同化,以及中华民族共同的道德、心理的形成,无疑起着重大的作用。如果没有统一的文字,也许政治、思想、社会及地域上的统一就无从谈起。

(六)连续性(绝伦的延续性,超凡的再生力)

统一性与连续性的概念有重合的关系,一个民族的文化若在空间上有统一性的特点,那么在时间上它就应该具有连续性,否则就很难保持它的统一,但又是相区别的。统一性是相对文化的多元性来说的,在同一个空间和时间中,有众多系统的文化并存,并且没有哪一个系统的文化占支配和主导的地位,那么这个文化就不具有统一性的特点。连续性是指文化发展的承传性,它是相对于文化的间断性或中断性来说的。一个民族的文化具有连续性的特点,即这个民族的文化在时间的长河中没有中断过,它是一环扣一环的,是连续发展的。如果在时间上呈现间隔或跳跃,在一个历史时期中,它完全丧失了这种统一性,甚至连自身的存在也被其他系统的文化所代替,尽管后来在某一个历史时期中又得到了恢复和发展,但它毕竟有一段跳跃或空白,这一文化就不具备连续性的特点,如古埃及、古巴比伦、古印度及古希腊文化。中国文化既具有连续的统一性又具有一元的连续性的特征。中国文化的连续性是由中国固有的自然地理环境、经济、政治、思想和学术的连续性决定的。

1.比较完备的"地理隔绝机制"。具有比较完备的"地理隔绝机制",是中国文化未曾发生"断裂"的自然条件。从中国文化的自然地理环境来说,中国处在一个半封闭的大陆性地理环境之中,东面临海,西北有戈壁沙漠,西南多横断山脉,东北有广阔的原始森林。几千年来,中国文化好像一直孕育在一个巨大的避风港中,很少遇到外部力量的冲击。这种特别完备的"地理隔绝机制"正是一个统一的、独立的文化系统得以连续发展的先决条件。在这种大环境下展开的文化系统,不仅能迅速地完成内部的统一,而且不易受外族入侵而中断。可以说,中国文化自产生起,就从来没有中断过。当然,如果把中国文化连续性的原因完全归结为自然地理环境而看不到其他因素,特别是经济的、政治的、文化自身的以及人的因素对文化连续性的影响,显然是一种错误的形而上学的地理决定论。相反,如果看不到地理生态环境对文化发展的影响,也会同样导致片面性和主观性,也就是说,自然地理环境是中国文化保持连续发展的重要条件,但它还不是唯一的或决定性的条件。

2.政治的连续性。政治的连续性是中国文化不曾发生"断裂"的内在依据。政治的连续性是指政治传统的继承性,中国文化中的政治传统可以一直追溯到夏、商、周三代甚至更早。夏、商、周三代是中国青铜时代小邦林立的时期,三代的王不过是不同规模的邦的联盟的首领。这三代在中国远古史上相启相承、相袭相革。周代商,即袭用商的政治传统。东周时期,北方的戎狄和南方的蛮夷(楚)逐渐强盛,曾一度威胁诸夏的安全。齐桓、晋文先后提出"尊王攘夷"的口号,代替周王继续推行原有的政治传统。中国古代政治的一体化至秦汉完成,承袭了春秋战国时代的传统,从政治组织形式上做了新的调整,以郡县制代替分封制,更适合当时中国的发展。

东汉以后,中国进入魏晋南北朝长达四百年的分裂时期。由三国至西晋统一,再由晋室南迁而致南北对峙,仍是一种民族国家内部的政治变动,而非整个民族文化传统的转移。北朝的十六国,虽多为少数民族部族建立的政权,但从性质上说,他们所推行的各种政治制度都完全采自中国古代典籍或"依晋代九班选制",在保持儒家传统方面甚至比南朝更显纯粹和得力,因此当时北朝的政治生活、社会生活、文化信仰可以说仍然承袭着汉代以来的传统,其中的变动亦可看作是一种内部的调节机制,而非新的征服者所建立起来的新制度。从商周至清末,中国的政治乃是一贯的民族传统,可以说未尝发生"外层断裂",它是通过不断进行"内部调整"的方式而达到一种"超稳定"的完整架构的。

3.学术思想的连续性。学术思想的连续性是中国文化不曾发生"断裂"的自身基础。中国古代学术思想的连续性发展早在夏、商、周三代即已开始。孔子说,"殷因于夏礼,所损益,可知也。周因于殷礼,所损益,可知也。"(《论语·为政》)孟子也曾说,"诸侯之礼,吾未之学也。虽然,吾尝闻之矣。三年之丧,齐疏之服,饘粥之食,自天子达于庶人,三代共之"。(《孟子·滕文公上》)从夏至周,作为典章文物制度的礼,虽然质文废起,时有不同,但其一贯的精神却因民族国家的相继而得到承传,因此,荀子也曾谈到"礼"之承传的重要性。他说,"百王之无变,足以为道贯。一废一起,应之以贯,理贯不乱。不知贯,不知应变。贯之大体未尝亡也"。(《荀子·天论》)荀子所谓"贯",即指礼的一贯性、继承性。由上述孔、孟、荀的言论可知儒家非常重视"礼"的传统,所以从孔子开始,便注意整理殷周以来的典籍。据说,《诗》

《书》《礼》《乐》《春秋》等古代文献,都经过孔子的删订而流传下来,并成为中国几千年来封建社会经世致用的经典。

魏晋南北朝时期,中国南北分裂,篡乱相乘、兵戈迭起,但上述学术传统不但没有中断,反而在文化大体系上有许多新的创辟。首先是佛学,魏晋南北朝时期,佛教大盛。其次为经学,《十三经注疏》是中国经学的一大结集,而其中采用魏晋南北朝时期的注疏者竟占一半之多。当时南北学术息息相通,南方经学重丧礼,北方经学重周官。北齐大儒熊安生,专以三礼教授,弟子多达千余人。相形之下,北方经学反比南方经学兴盛。再次为史学,其发展可以说上驾两汉、下凌隋唐,史学著作达874部之多。就以北方来说,十六国的史书有26种、270余卷。在北方十六国兵戈相交的混乱时代,尚有如此之多的史学著作出现,可知中国传统学术的连续性是相当顽强的。

(七)内倾性

任何一个国家或民族的文化,其价值主要表现在道德、科学、哲学、艺术、认知等活动中。中国文化由于人文精神过早觉醒,又因其人文精神的基本内涵属于道德理性方面,因此它不具有外在超越性。一般说来,其价值判断的标准往往是外在的、绝对的。与西方式的外倾文化相反,中国传统文化具有内倾性。

1.中国传统文化中的人是一个自足的存在。在中国传统文化中,与西方的观念相反,认为人在天地之间是自足的,不需要任何外来的帮助。儒家以道德为自足,道家则以自然为自足。如孔子教人所行之"礼",即是主张人要行自己该行之事,斟酌人情之所宜;亦如《礼记》所说,这种人间之礼"非从天降也,非从地出也,人情而已矣"。

把儒家"人是自足的存在"这一思想发扬得最详尽、最透彻的人是孟子。他以性善论为基础,认为"人皆有不忍人之心"。这个性善如同人的四体一样,是人自身所固有的,不是外加的,而是内在的,"非由外铄我也,我固有之也"。孟子发展了孔子的思想,不但强调人的道德自觉,而且为这种道德论提出了人性论的基础。

这种深藏于人类自身之内的价值之源，对于儒家来说，是一种无尽的宝藏，只要向内深深地挖掘，它便可以发扬光大，甚至充塞于天地之间。因此孟子说："万物皆备于我矣，反身而诚，乐莫大焉。"朱熹解释此句为："此言理之本然也，大则君臣父子，小则事物细微，其当然之理，无一不具于性分之内也。"这就是说，一个人要成就自己，主要应致力于内在的道德完善，而这种道德不在天上，而是在自己的性分之中。既然万善永恒地皆备于我，"每个人都是天然完全自足之物"，因此又何必向外在世界寻求什么呢？

孟子上述人之自足说，到王阳明则发展到了极致。他说："天地万物俱在我良知的发用流行中，何尝又有一物超于良知之外，能作得障碍？……夫物理不外于吾心，外吾心而求物理，无物理矣……理岂外于吾心邪？"在王阳明看来，"夫外心以求物理，是以有闇而不达之处，此告子义外之说，孟子所以谓之不知义也……不可外心以求仁，不可外心以求义，独可外心以求理乎"？王阳明的这些说法，实际上都是对孟子"万物皆备于我矣"的发挥，其主旨仍是强调内在的超越性。因此，若以内外相对而言，中国传统文化一般都是重内而轻外的，不仅儒家如此，道家亦是如此。

道家对人的自足性的看法，是从另一个角度来认识的。道家反对儒家的仁义道德说教，因此也反对从道德能动性的角度去描述人性。他们认为，人的自足性并不是表现在内在的道德性或"恻隐之心"上，而恰恰与此相反，人的自足性与万物的自足性一样，乃是自然存在的一种形式，因此人的本性应该在自然中寻找。只要返回自然，人的本性便是自足的，这就如同骈拇枝指一样，"合者不为骈，而枝者不为跂，长者不为有余，短者不为不足"。如果不遵循自然之性，以长者为有余、短者为不足，企图取长补短，对其妄加改变，这就破坏了自然的真性，所以"凫胫虽短，续之则忧；鹤胫虽长，断之则悲。故性长非所断，性短非所续，无所去忧也"。

道家这种自然人性说，实际上是把外在的自然内化为人性，所注重的并非人身之外的东西，而是人的自然本能的行为，因此强烈主张取消人的主观能动性,以使人性顺乎自然的本能。只要一切顺乎自然,便可别无他求,更不需要向外探索。如庄子说:"吾犹告而守之,三日而后能外天下矣,吾又守之,七日而后能外物;已外物矣,吾又守之,九日而后能外生,已外生矣;而后能朝彻;朝彻,而后能见独;见独,而后能无古今;无古今,而后能入于不死不生。"这里的"外"字,含有遗忘之意。对道家来说,只有彻底遗忘天下世故,摆脱外物的干扰,甚至把生死置之度外,才能进入"朝彻""见独"的境界。所谓"朝彻",按成玄英解,乃指"死生一观,物我兼忘,惠照豁然,如朝阳初起"的清明洞彻的心境。所谓"见独",即"现独",表现出"独"的品格。此即《在有篇》所说"出入六合,游乎九州,独往独来,是谓独有,独有之人,是谓至贵"。因此,"见独""独有"皆指内在独立自主的人格世界,均具有老子"独立而不改"之意。既已遗世忘物,便无须依靠外界的力量,一切都可自我满足、自我完善。此即后来郭象的"独化"与"自足其性",所以,"独"字最能表达道家"人是自足的存在"这一观点。

由此可见,儒家是把人的道德理性由内向外扩展,把人性外化为自然,而后由外在的自然落实到人的心性之中,使二者在心性基础上得到统一;道家则是把外在的自然由外向内扩展,使之内化为人的理性,而后在精神中使二者结合。虽然出发点不同,但所强调的都是人性的自足。既然人性本身是完善的、自足的,就无须从外部吸取力量,而知识、逻辑、科学以及法律等在他们看来也就无须多下功夫,把全部精力投放到人自身的修养上,直接在人心之内寻求善和幸福。

2.中国传统文化始终强调"心"的作用。许多人在中西文化的比较讨论中,认为中国文化实际上乃是"心的文化"。这一看法,虽然只停留在事物的表面,但它却从一个侧面揭示了中国文化的特点。因此,"心的文化"的特质应该是中国文化内倾性的一个重要表现。

西方文化的外在超越性,决定了其社会人生的二分倾向。因其外在超越性表现出了强大的力量,人被这种力量所支配和驱使,力求战胜它,遂呈现了人生与外界的拼搏和斗争。而内在超越的文化,所碰到的阻力不是来自外部神的世界和外部自然的力量,它恰恰来自圣人的典训和人心的分离。因此在内倾型的文化中,服膺圣人典训并展开自我心灵的征服与净化,以使人生与社会、人生与自然得到和谐与统一,乃是这种文化的终极使命。"人心惟危,道心惟微",是中国文化对人心分离的经典描述。正因为人心有不纯的一面,才使后世儒者始终把人心的净化当作顽固的堡垒来攻击,以提纯心灵为己任。儒家总是教人自己省察,所谓"求诸己""尽其在我""三省吾身"等。道家也总是提倡"自足""自我观照""游心于形骸之内"等。甚至佛教亦有"明心见性""依自不依他""佛向性中作,莫向身外求"等说教,都是在向内用功。这些命题都是把人的力量落实在人的身上,而成为人的"性"或本质,这种"性"或本质都是在人的生命内扎根,因此并不重视人生之外的东西。孔子"为仁由己"及孟子所谓"仁义礼智根于心"等说法,是中国文化在长期摸索中所得出的结论。它不是由逻辑推理而来,而是对"内在经验"的一种总结或描述。经过后代儒家的发展,尤其经过"程朱陆王"的精心加工,它几乎成为中国人自觉遵守的典训,成为人生的基本立足点。

道家的庄子把老子的形而上之道最后也落实到人的心上,他所主张的心斋、坐忘,即是为了使心彻底走上虚、静的道路。在他们看来,外在世界的声、色、嗅、味及人类的一切发明创造,都是破坏人的自然之性的祸乱之源,因为物质生活的引诱、权力欲望的蛊惑,往往会破坏恬静自然的生活,它们搅动人心,挑拨情欲,使人内心的平静遭到破坏。这正如老子所说:"五色令人目盲,五音令人耳聋;五味令人口爽,驰骋畋猎令人心发狂;难得之货令人行妨,是以圣人为腹不为目,故彼取此去。"也正如庄子所说:"有机械者必有机事,有机事者必有机心。机心存于胸中,则纯白不备。纯白不备,则神生不定;神生不定者,道之所不载也。"在老庄道家看来,对外在世界的追求会引导人们产生邪念,从而破坏内心的平静。老子所谓"为腹不为目",即是追求内在的自我,而不要被外在的感性世界所迷惑。庄子反对外在的聪明巧智亦是为此。他说:"擢乱六律,铄绝竽瑟,塞瞽旷之耳,而天下始人含其聪矣;灭文章,散五采,胶离朱之目,而天下始人含其明矣;毁绝钩绳而弃规矩,攦工倕之指,而天下始人含其巧矣。"这就是说,庄子并不绝对地反对聪明巧智,而只是主张把外在的聪明巧智转化为内在之德。在他看来,瞽旷、离朱等"皆外立其德而以炫乱天下者也"。"外立其德",即向外追求,向外追求必扰乱天下;"内含其德",即向内追求,向内追求可以完成自我。庄子主张"心斋",也即是为了绝对排除对外在世界的追求,而提倡"心无蹊隧""君子不可以不刳心焉"。"刳心",即剔除心中杂念,"洗去有心于万物之累"。因此在内外关系上,庄子始终强调"慎汝内,闭汝外"(《在宿》)、"治其内,而不治其外"(《天地》)、"不内变,不外从"(《达生》),等等。这里的"内",指本心,即人的内在世界,"外",指外物,即外在世界。他说:"天下奋棅而不与之偕,审乎无假而不与利迁,极物之真,能守其本,故外天地,遗万物……至人心有所定矣。"由此可知,道家的自然主义,通过否定"心"的外在作用,最后还是落实到内在的心性修养上,认为"心"应随顺自然之性,使之不流荡为外在的心机智巧,这样便可使"心"容纳一切,做到"万物一府""则韬乎其事心之大也"。

(八)中庸和平

陈独秀在其《东西民族根本思想之差异》一文中曾说:"世或称中华民族安息于地上,印度民族安息于涅槃……西洋诸民族好战健斗……欧罗巴全部文明史,无一字非鲜血所书。"我们今天重读,虽然发现其有很多偏颇之词、夸大之语,并且含有许多政治情绪在内,但也许非一无所见。陈独秀上述意见可以说看到了一部分事实,即与中国相比,西方诸民族有"好战健斗"的特点,而中华民族确实有和平文弱的性格。

若从文化的角度看,中国人和平文弱的性格正是中国文化中庸和平这一特征的表现和反映。

儒家的"中庸""中和"观念对中国文化有巨大影响,可以说,它是儒家思想的基本精神,也是中国文化的基本特征之一。中庸思想的产生,有其历史渊源。据《论语》载:"尧曰:咨!尔舜,天之历数在尔躬,允执其中,四海困穷,天禄永终。"据说,这是帝尧禅位于舜时教训舜的话,其要点在"允执其中"四个字。这即是以"中道"为政教的准则。舜受尧命,唯中是用,故孔子称赞他:"舜其大知也与! 舜好问而好察迩言,隐恶而扬善,执其两端,用其中于民,其斯以为舜乎!"其后,"舜亦以命禹"。禹后有汤,孟子称"汤执中,立贤无方"。至文、武、周公,《尚书·洪范》有"无偏无陂,尊王之义;无反无侧,王道正直"等语,其中的"无偏无陂""无反无侧"即上述"执中"之意。《周礼·地官》说:"司徒以五礼防万民之伪,而教之中;以六乐防万民之情,而教之和。"

由上可知,中道观念由来久远,它由尧、舜、禹、汤、文、武、周公而一直传至孔子,成为中国文化的道统正传,因此,孔子把它作为"至德"倍加推崇,说:"中庸之为德也,其至矣乎!"孔子在《论语》中提出的中庸观念,既是思想论,又是作为道德行为的准则。在孔子看来,任何一个独立的道德条目,都有流于偏颇的可能,因此必须用"中庸"来调节,使之贯彻于任何道德条目之中。孔子认为只有这样,才能使各种品格甚至对立的品格相辅相成,才能得乎中庸之道,如"质胜文则野,文胜质则史,文质彬彬,然后君子"。这是说,人的质朴与文采只有配合得恰到好处,才不会使某一面发展过头,流为极端。一个文质中庸的人既不表现粗野,又不表现虚浮,而是史野相济,文质相和,恰到好处。据《论语》所载,孔子本人即是"温而厉,威而不猛"和"温良恭俭让"的典型。

孔子的中庸之道,反对过犹不及,强调中和、和谐,用"叩其两端"来把握事物的各方面,反对固执一端而偏颇或片面,这些都是以是否符合"礼"为准则的。因此所谓"中庸",首先又是"中礼"。孔子说:"知和而和,不以礼节之,亦不可行也。"子曰:"敬而不中礼,谓之野;恭而不中礼,谓之给;勇而不中礼,谓之逆……礼乎礼,夫礼所以制中也。"礼以"制中"为用,所以又称"礼之用,和为贵"。

"中庸""中和"之说由孔子首倡,到战国中后期,孔门弟子大加发挥,遂出现《中庸》一书。《中庸》借孔子之言,全面阐发了儒家的中和、中庸思想,在它的第一章便开宗明义地指出:"天命之谓性,率性之谓道,修道之谓教。道也者,不可须臾离也,可离非道也。是故君子戒慎乎其所不睹,恐惧乎其所不闻,莫见乎隐,莫显乎微,故君子慎其独也。喜怒哀乐之未发,谓之中;发而皆中节,谓之和。中也者,天下之大本也;和也者,天下之达道也。致中和,天地位焉,万物育焉。"这一章是《中庸》一书的纲领。它首先提出"中和"观念之所以重要,在于"性""道"虽同,但气禀有异,所以表现在每一个人身上则会出现太过或不及的偏差,"是以君子之心,常存敬畏""遏人欲于将萌,而不使其潜滋暗长于隐蔽之中",此之谓"慎独"。这就是说,人的喜怒哀乐的感情,在未发之前和已发之后,皆须达到既"中"又"和"的境界,没有一点偏向,没有一丝做作。人的心性修养能达此"中和",社会与天地万物相结合,使"天地位焉,万物育焉",所以称"中"为"大本","和"为"达道"。

儒家教人,最反对走极端,《易经》中即有"亢龙有悔,盈不可久""人道恶盈而好谦"等说法。《易经》亦常言"得中""中道""中行""中节""中正""中德"等,此皆有不偏不倚、无过无不及之意。这种中庸思想的流传,对中国的伦理道德、思想方法、行为方式都产生了潜移默化的影响,其中尤为突出的是"以德报怨"之说。《中庸》记载孔子回答"子路问强"时说:"宽柔以教,不报无道…君子和而不流…中立而不倚。"朱熹的解释是:"'宽柔以教,不报无道',谓含容巽顺,以谓横逆之来,直受之而不报也";"夫子是以告子路者,所以抑其血气之刚而进之以德义之勇也。"朱熹的解释极其符合儒家的旨意。因此,中庸、中和的含义,在很大程度上是"抑其血气之刚",使一个人的生理与道德理性合为一体,这样便使个体与社会同时得到"中和""和谐"。一个人如果不抑制这种"血气之刚",其所带来的后果,将是凭情感无限发泄,使内心的平衡遭到破坏,因此会出现走极端的现象。《礼记·表记》引孔子的话说:"以德报怨,则宽身之仁也;以德报德,则民有所劝;以怨报怨,则民有所惩;以怨报德,则刑戮之民也。"由此可见,儒家是主张"以德报怨""以德报德"的。中国传统文化中没有决斗,尚文不尚武,缺乏感情的冲动,不走极端,等等,可以说皆是受中庸、中和思想的陶冶和影响。其"宽柔以教,不报无道"推广到人与人或国与国的关系上时,则表现出雍容、和平的气象与风度,其中的雍容、和平在一定条件下又往往流于调和折中,而温良则积淀为中华民族的优良传统。

由此可见,中国文化是和平宽大的文化,由此文化所塑造的中华民族也可以说是世界上最爱好和平的民族。但这一优点同时又产生了它的缺点,如前所述,儒家的中庸、中和思想,其原本的意义就在于消除"人欲之私",以"君子慎其独"为最终归宿,这一点经过宋明理学家的发挥,使其成了心性之学的重要内容和僵死不变的道德教条,不仅具有本体的意义,而且成了指导人们日常生活和处理人际关系的准则。再加之道家从消极方面以"柔弱之道"和"不争之德"作为回避矛盾、摆脱纷争的处世哲学,遂使中庸和平思想流变为"折中调和""知足常乐""安分守己""收敛宁静"等保守退避思想,使人于勤奋中信天安命,而向外追求奋进之心大减。因此它成为现实生活中挥斩人们锋芒和棱角的无形利剑,塑造了中国人含蓄、内倾、稳健、老成的独特风貌。然而道德压抑的结果,又使一些人产生外宽厚而内刻薄、外雍容而内吝啬、外知足而内贪婪、外诚恳而内奸诈、外柔弱而内刚愎、外大公而内大私、外仁慈而内残忍、外民主而内独裁等相互对立的双重性格。

由于中国文化中有过多的"中庸""中和""平衡""和谐""不偏不倚"等因素,它不仅具有一般方法论意义,而且成为一种道德观念,具有道德的约束力量,因此在广大的人群中,出头、拔尖、冒险、争先者寡,而贪生混世、随波逐流、饱经世故者多。"木秀于林,风必摧之""出头的椽子先烂""枪打出头鸟""一争两丑,一让两有""凡事不可太过"等民间谚语之所以被流传下来,都与这一文化特征有着密切关系。

(九) 乡土情谊

中国文化中的家族本位和有情的宇宙观使得中国文化带有浓厚的乡土色彩。中国自古以来就是一个典型的农业社会,而农业生活的特点就在于安居乐业,世世代代生活在同一块土地上,若无天灾人祸则很少迁居。对于生于斯而长于斯的人,对自己的乡土人、物有着无限的眷恋之情。这种乡土情谊深深地灌注到中国文化之中,甚至影响了中国文化的发展。

第二节 优秀传统文化的发展

悠远浩博的中国文化,从孕育发生到恢宏壮大,有一个漫长而曲折的发展历程,这是物质文化、精神文化日臻丰富的历程,也是逐渐走向文明演进高峰的历程。这一历程根植于特定的地理、经济和政治环境,正是这一特定的环境和条件,造就了独特而丰富的中国文化,滋养着一代代中国人。

一、中国传统文化产生与发展的根基

(一)中国传统文化产生的地理环境

中国不但疆域辽阔,而且地理位置较为优越。中国的大部分地域处于中纬度,气候温和,又位于全球最大的陆地——欧亚大陆的东部和全球最大的海洋——太平洋的西岸,西南距印度洋也不远,季风气候发达。大部分地区雨热同季,温度和水分条件配合良好,为农业的发展提供了良好的条件。

第一,这种半封闭的地理环境和相对良好的气候,为中国古代农业文明的起源、发达以及与其相适应的人文哲学思想的生成、发展创造了条件。在这种相对发达的农业文明社会里,人们适应了日出而作、日落而息的生存方式,也养成了中华民族重农、尚农的社会共识,重实际而黜玄想的务实精神,安土乐天而缺少竞争的生活方式。

第二,它助长了华夏中心主义的思想,把"天下"视为中国,把环绕在华夏周围的邻邦视为夷狄蛮戎。"中国"一词的内涵就是中国人富于尊严感的"自我意识"的具体体现。这种构想,是中国能够长期维持大一统局面的思想基础,也是中华民族能够在长期复杂的历史发展过程中,不断发展、壮大的原因之一。

第三,这种相对隔绝的地理位置,形成了中国文化的"保护反应机制"。历史上虽有外族入侵,但幅员辽阔、回旋余地宽广的地理环境使中国能对周边民族始终保持着自己的文化风格和传承体系,使中国文化具有超强的连续性和稳定性。中国的中原文化则像一个巨大的雪球一样越滚越大,同化了周边地区的相对滞后的文化并且带动着农业文明同步发展。

(二)中国传统文化植根的经济基础

人类文化的类别大致有游牧、农耕、商业三种类型。游牧、商业文化起源于内部经济不足、需向外寻求,文化特性常常为侵略性的。农耕文化可自给自足,无须外求,文化特性表现为和平性。

中国地处东亚大陆,地域辽阔,黄河、长江哺育着亚洲东部这片广袤而肥沃的土地;太平洋吹来的东南季风,给中原大地带来了充沛的雨水;雨热同期的气候条件,使江河得以有效灌溉,这些都为中华先民从事精耕细作的农业生产提供了极为优越的条件。得天独厚的自然条件和地理生态环境,孕育了华夏民族以农耕经济为主体的经济生产模式。

中国古代统治者深知农业繁荣是国固邦宁的根本所在,都把农业作为立国之本,农本商末、重农轻商的观念在中国式的农业社会可谓根深蒂固。由于统治者的重视,加上农耕工具的改造和耕作技术的提高,极大地促进了农业文明的发展,为传统文化的产生和发展提供了经济基础。在中国传统社会里,人们通常把人民划分为士、农、工、商四等。其中士通常是来自地主阶级,农就是从事农业生产的农民。那些读书人虽然不耕地,但他们的家业兴衰往往和农业生产有直接的联系。

中国农耕经济不仅塑造了国民的性格和生活方式,而且对中国文化的持续性、包容性等都产生了重大的影响。

第一,中国农耕经济的持续性造就了中国文化的持续性。自从三代以来,中国的农耕社会经历了无数次大大小小的天灾人祸的考验,始终未曾陷入难以克服的困境,而循环式的复苏和进步则周而复始,使农业自然经济得以长期延续。农耕经济的持续性造就了中国文化的持续性,传统农业的持续发展保证了中华文明的绵延不断,使其具有极大的承受力、愈合力和凝聚力。

第二，中国农耕经济的多元成分结构，促成了中国文化兼收并蓄的包容性格，彰显了强健的生命延续力。中国不同区域文化的格局导致了中国文化的多元结构，然而随着中国农耕经济的扩展，以及文化的包容性格，又促使这些区域的文化渐趋合一。

第三，农耕经济的多元成分结构，促进了中国封建社会经济的充分发育，造就了灿烂辉煌的中国古代文化。但是，中国农耕经济既早熟又不成熟，造成了中国文化的早熟性和保守性格。随着中国封建社会从前期过渡到后期，中国文化日益露出凝重的保守性格，特别是晚清统治者盲目自负，唯我独尊，近现代以来，中国人前赴后继，卧薪尝胆，砥砺自强，发奋改革，焕发出自强自新之道，才使中国文化重获新生。

（三）中国传统文化所依赖的政治结构

中国传统社会政治结构，主要体现在宗法色彩浓厚和君主专制制度高度发达这两个方面的特征上。

宗法制度是中国古代维护贵族世袭的一种制度。所谓宗法，就是中国古代规定嫡、庶系统的法则。宗法关系是由氏族社会的父家长制蜕变而来的一种以血缘关系为基础的社会关系。宗法建立在宗族的基础之上，宗族由若干个同血缘的家族集合而成，由家庭变家族，再集合成宗族，结成乡社，进而成为国家的基石。可见，宗法制度的本质就是家族制度的政治化。在宗法制度下，家族、宗族是以血缘关系为纽带，以统治和服从为内核的政治、经济和道德的共同体。它对国家与社会具有维系秩序的功能，同时，对国民性格的塑造也有深刻的影响。

宗法制度中嫡长子继承制、封邦建国制和宗庙祭祀制等的确立，奠定了中国传统社会的基本模式。从先秦迄于明清，尽管社会形态有所变化，但以血缘为纽带的宗法等级结构却长期沿袭未变，导致了"家国同构"的格局，所谓"忠孝相通""求忠臣于孝子之门""家国同构""忠孝同义"，都是宗法制度长期遗存的结果。故梁启超说："吾中国社会之组织，以家族为单位，不以个人为单位,所谓家齐而后国治是也。周代宗法之制,在今日其形式虽废,其精神犹存也。"这是符合实际的。

社会结构的宗法型特征,导致中国文化形成伦理型范式。这种范式所带来的正价值是使中华民族凝聚力强劲,注重道德修养,比较重视人与人之间的温情,成为举世闻名的礼仪之邦;它的负价值是三纲五常的伦理说教,"存理灭欲"的修身养性,"非我族类,其心必异"的盲目排外心理,等等,成为中国文化健康发展的障碍。

中国社会结构的另一特征就是君主专制制度。中国的君主专制传统十分悠久,其特点体现在:以武力为先导,专制时间漫长;经济基础稳固;君主专制中央集权走向极端;对人身控制严密。当然,中国的君主专制制度也存在着若干制约的因素,如朝议制度、谏议制度,但这些制度没有对皇帝的否决权,因而也就在很大程度上成为君主专制制度的一种补充。同时,中国的君主专制制度也做出过世界性的贡献,其严密性曾令世人赞叹、模仿,回避制度也曾为外国人所学习,特别是隋唐时期开始确立的科举制度,后来成为西方文官制度的先导,这些都是应该加以总结和认识的。

中国社会结构的专制性特征,导致中国文化形成政治型范式。这种范式带来的正价值是中华民族的整体观念,国家利益至上的观念,造就了民族心理上的文化认同,文人学士的经世致用思想,等等;它的负价值是使国人存有严重的服从心态,对权威和权力的迷信,个人自信心的缺乏,文人的影射传统,等等。这种负面影响还表现在对中国传统文化精神的抑制和摧残方面。例如,孟子虽提出了"民贵君轻"的思想,但在之后的社会生活中并未得到统治者的提倡,自然也就得不到贯彻实施。

宗法与专制的结合,导致中国文化上有明显的伦理政治化和政治伦理化的特征,用政治伦理秩序代替了法律秩序,政治大于法律,伦理也大于法律,因而法律意识和法律观念在中国古代很难找到立足之地。加上小农自然经济和宗法专制社会政治结构这些坚实的基础,中国古代的士人只有通过"内圣外王"的心态,去实现修身、齐家、治国、平天下的抱负。这个传统一直延续下来,只是在近代大工业兴起之后,才逐渐瓦解,新时代的新文化才慢慢形成。

二、中国传统文化的发展历程

文化的生成、发展都具有阶段性。中国文化自有其独特的发展脉络。这种脉络当然与王朝更替相关联,但文化史的进程又往往突破王朝界域,有着自身的发展序列。因此,本小节对于中国传统文化发展历程的介绍将按照文化自身的发展演变予以把握。

(一)先秦:从文化萌发到百家争鸣

夏、商、周至春秋战国时期,奠定了中国文化的基本构架,后来影响中国文化乃至整个东亚文化达两千多年的许多特征,在此阶段已初步显现。

1. 夏朝:废禅建制。远在公元前21世纪,也就是四千多年前,奴隶制国家——夏朝便建立起来了。夏本来是一个部落的名称,以善于治水闻名。其首领鲧因治水失败而被放逐,但鲧之子禹却因治水有功而被拥立为部落联盟首领。从此,夏部落日益强盛起来。当时部落首领的继承依据的是传统的"禅让制",但是禹去世后,禹的儿子启公开破坏"禅让制",继承父位,自称"夏后",这是我国历史上第一个国王。"禹传子",说明"世袭制"代替了"禅让制","公天下"变为"私天下",这是国家形成的一个信号,也是我国从原始社会过渡到奴隶社会的标志。

2. 殷商:神本文化。商人在长期定都的条件下,文明水平有了显著提高。文字、典籍、青铜器以及"殷"这座目前所确认的中国最早的古都,标志着古代中国已跨入文明社会的门槛。从已有的文献资料记载及前人的研究成果可以看出,商人尊神重巫,表现出强烈的神本文化的特色。《礼记·表记》中载:"殷人尊神,率民以事神,先鬼而后礼,先罚而后赏。"这就是殷商这种神学观念的具体体现。

殷人观念中的神,地位最高的是"帝"。它统率各种自然力,也主宰人间事务。商王既是政治上最高的统治者,又是最高祭司。以尊鬼重神为特色的殷商文化,是人类思维水平尚处于蒙昧阶段的产物。随着商周之际的社会大变动,人们的实践经验日益丰富,智力、体力水平不断增进,对神的力量的崇拜渐次减弱,对于自身能力的信心与日俱增,于是,以神为本的文化逐渐向以人为本的文化过渡。

3.周朝:文化维新。对于中国文化的发展来说,周朝入主中原,具有决定文化模式转换的重要意义。公元前11世纪,作为偏处一隅的小邦周,终于战胜并取代了大邦殷。周朝建立后,一方面袭商代的种族血缘统治办法,另一方面实行文化主旨上的转换,正如《诗经》所云:"周虽旧邦,其命维新。"周人的"维新",具体体现在确立宗法制、分封制和制礼作乐上。

首先,周人确立了兼备政治权利统治和血亲道德制约双重功能的宗法制。宗法制深深地影响了中国社会,虽然汉以后的宗法制不再直接表现为国家政治制度,但其强调伦常秩序、注重血缘身份的基本原则与基本精神却依然维系下来,并深切渗透于民族意识、民族性格、民族习惯之中。

其次,周人确立了把上下尊卑等级关系固定下来的礼制和与之相配合的情感艺术系统(乐),即"制礼作乐"。周代的礼制是周代制度文化、行为文化和观念文化的集中体现,它既是典章制度的总汇,又是政治生活、经济生活、社会生活、家庭生活各种行为规范的准则。周人之"礼"包含形式与内容两个方面。从形式来看,"礼"包含各种礼节和仪式,各级贵族祭祀、用兵、朝聘、婚丧,都要严格遵循合乎其等级身份的礼节仪式,以体现君臣、父子、兄弟、夫妻的上下尊卑之别。礼的内容:一是"亲亲",贯彻血缘宗族原则;二是"尊尊",执行政治关系的等级原则。周代礼制的主旨就是"别贵贱,序尊卑",以保证国家的长治久安。

周人所确立的"礼",为后世儒家所继承、发展,以强劲的力量规范着中国人的生活行为、道德情操和是非善恶观念。中国传统的"礼文化"或"礼制文化",即创制于西周。

4.春秋战国:文化的"轴心时代"。春秋战国是一个礼崩乐坏的时代,传统礼制逐渐解体,新的法制逐渐形成,社会处于大变革时期,反映在社会上层建筑方面,两个突出而明显的特点是:其一,传统的"世卿世禄"的等级制度迅速走向衰败;其二,"学在官府"的局面已经开始崩解。但春秋战国时期也是文化辉煌的时代,最根本的原因是社会大变革的时代背景为各个阶级、集团的思想家们发表自己的主张、进行"百家争鸣"提供了历史舞台;同时,它也有赖于多种因素的契合。

首先,礼崩乐坏的社会大变革,将原本属于贵族最底层的士阶层从沉重的宗法制羁绊中解放出来,在社会身份上取得了独立的地位,而汲汲于争霸事业的诸侯对人才的渴求,更助长了士阶层的声势。士的崛起,意味着一个以"劳心"为务、从事精神性创造的专业文化阶层的形成,中华民族的物质生活与精神生活注定要受到他们的深刻影响。

其次,激烈的兼并战争打破了孤立、静态的生活格局,文化传播的规模日盛,多因素的冲突、交织与渗透,提供了文化重组的机会。

再次,士阶层创造性的精神劳动,为道术"天下裂"提供了前提条件。当时诸侯各国致力于富国强兵,对学术研究采取宽松的政策。特别是战国时期,各诸侯国对"士"往往都采取宽容的政策,允许学术自由。这就为"士"著书立说、发表个人的意见创造了良好的条件,从而大大促进了战国时期的思想解放。

最后,随着周天子"共主"地位的丧失,"天子失官,学在四夷",使原来由贵族垄断的文化学术向社会下层扩散,下移于民间,打破"学在官府"的局面,致使"私学勃兴"。孔子虽非私学的首创者,但孔子作为平民阶级的思想代表,所创立的私学规模最大、影响最深,这对于冲破"学在官府"、贵族垄断文化的局面,促进"学在民间"的文化下移,广泛传播文化,推动历史前进,具有明显的积极作用。

正是如上种种条件的聚合,为中华民族的精神发展创造了一种千载难逢的契机。气象恢宏盛大的诸子"百家争鸣",正是在这样的文化背景下应运而生的。

所谓"百家",当然只是诸子蜂起、学派林立的文化现象的一种概说。对于其间主要流派,古代史家屡有论述。西汉司马谈在《论六家要旨》中提出:"夫阴阳、儒、墨、名、法、道德,此务为治者也,直所从言之异路,有省不省耳。"也就是说,尽管阴阳、儒、墨、名、法、道德家,他们所建立的学术体系有不同,但都是以"救时之弊"——为了社会的治理为目的的。

儒家是战国时期重要的学派之一,它以春秋时孔子为师,以六艺为法,崇尚"礼乐"和"仁义",提倡"忠恕"和不偏不倚的"中庸"之道,主张"德治"和"仁政",重视道德伦理教育和人的自身修养。儒家强调教育的功能,认为重教化、轻刑罚是国家安定、人民富裕幸福的必由之路。主张"有教无类",对统治者和被统治者都应该进行教育,使全国上下都成为道德高尚的人。在修身治国上,还主张以礼治国,以德服人,呼吁恢复"周礼",并认为"周礼"是实现理想政治的理想大道。在损益周礼的基础上,儒家设计出一整套由小及大、由远及近的发展人格和安家定邦的方案,为巩固政教体制提供了切实可循的途径。

孔子死后,儒分为八派,即"子张之儒、子思之儒、颜氏之儒、孟氏之儒、漆雕氏之儒、仲良氏之儒、孙氏之儒、乐正氏之儒",而战国时期的儒家以孟子和荀子最为重要。

以老子、庄子为代表的道家,是先秦诸子中与儒学并驾齐驱的一大流派。道家"历记成败存亡,祸福古今之道,然后知秉要执本,清虚以自守,卑弱以自持"。因而,道家在很多方面都在儒家的对立面:儒家注重"人事",道家尊崇"天道";儒家讲求"文饰",道家向往"自然";儒家主张"有为",道家倡导"无为";儒家主张修齐治平,强调个人对家族、国家的责任,道家则通过个体的逍遥而达到社会和谐。当然,道家和儒家在精神上也不是全然对立,而是存在着相互接近、相互沟通的因素。例如,在天人关系上,儒家的"天人合一"侧重于宗法伦理,天人协调还是要归结为人际协调。道家则有所不同,它以超脱社会伦常为目的,于是把复归"自然"当作寄托身心的不二法门,这就使天人协调从人际协调的从属地位独立出来而成为"第一义"。而且,道家所谓的"自然",绝不等同于儒家的"天命"或"天理",它是一种超功利的境界,带有玄思的品格和自适的情趣。从这个角度上来把握与发挥天人关系的作用,恰好可以补充儒家在这方面的缺陷,给局限于人伦日用世界的儒家学说打开新的天地。人生是多变的,人性是多变的,"穷则独善其身,达则兼济天下"。后世不少文人士大夫正是从儒家指示的这条"独善"之路找到了通往道家的思想之门。儒和道,就这样由对立走向了互补,相反而又相成。

法家的先驱人物是齐国的管仲和郑国的子产。他们力主强化法令刑律,使人们畏惧,不敢犯上作乱,以达到富国平治的效果。他们的理论基础是:"夫火烈,民望而畏之,故鲜死焉。水懦弱,民狎而玩之,则多死焉。故宽难。"嗣后,李悝著《法经》,商鞅实行"法治",申不害、慎到相继提出重"术"、重"势"的思想,至韩非将法、术、势统合,遂建构完备的法家理论。法家主张严刑峻法,在文化政策上主张"以法为教""以吏为师",实行文化专制主义。法家在战国时是"显学",后来成为秦王朝统治天下的政治理论。汉以后,儒学独尊,但法家学说仍然或隐或彰地发挥效应,历代统治者多采取"霸王道而杂之"即儒法并用的统治方术,有的则是"阳儒阴法"。

墨家的创立者是鲁国人墨翟,其信徒多是直接从事劳作的下层群众,尤以手工业者为多。故墨家学说强调物质生产劳动在社会生活中的地位("尚力"),反对生存基本需要之外的消费("节用"),主张人与人之间平等相爱("兼爱"),反对侵略战争("非攻"),鼓吹专制统治("尚同"),重视继承前人的文化财富("明鬼"),掌握自然规律("天志"),等等。他还提出"三表法":"上本之于古者圣王之事""下原察百姓耳目之实""观其中国家百姓人民之利"。他主张根据前人的间接经验、群众的直接经验和实际效果来判断是非,努力排除个人的主观成见,在认识论上具有重大的进步。墨家在战国时亦属显学之一,但在秦汉以后,墨家丧失学派生长的适宜氛围,逐渐消失无闻。

以邹衍为最重要代表人物的阴阳家,其特长是"深观阴阳消息"。所谓"阴阳消息",即阴盛则阳衰,阳盛则阴衰,矛盾双方此消彼长,一生一灭。阴阳家运用阴阳消长模式来论证社会人事,是一大创造,而从时间、空间的流转变化中去把握世界则是阴阳家独具特色的思维方式。到战国时代,阴阳和五行渐渐合流,形成一种新的观念模式,即以"阴阳消长,五行转移"为理论基础的宇宙观。

创立诸子学派的孔墨老庄,都是中国文化史上的第一批百科全书式的渊博学者,他们以巨大的热情、雄伟的气魄和无畏的勇气,开创学派,编纂、修订中国文化的元典性著作,并对宇宙、社会、人生发表纵横八极的议论。正是经过各具特色的诸子百家的探索和创造,中国文化精神的各个侧面得到了充分展开和升华,中华民族的文化走向也大致稳定。有鉴于此,文化史家借用德国学者雅斯贝尔斯的概念,将春秋战国称为中国文化的"轴心时代"。

(二)汉唐:从思想统一到文化隆盛

公元前221年,经过多年兼并战争,秦王嬴政终于完成了统一大业,中国历史上第一个专制主义君主集权的一统帝国——秦王朝建立。秦汉统治者在一统帝国的同时,还致力于文化的统一。

战国时代,诸侯割据,针对"田畴异亩,车涂异轨,律令异法,衣冠异制,言语异声,文字异形"(许慎《说文解字·序》)这种情形,秦始皇雷厉风行地实行文化统一,其重要措施有"书同文""车同轨""度同制""行同伦""地同域"。秦始皇统一文化的措施固然以强化专制君主集权政治为目的,同时也有力地增进了秦朝各区域人们在经济文化生活乃至文化心理上的共同性,从而为中华文化共同体的最终形成奠定了坚实的基础。

秦朝的文化统一,还包括思想学术上的统一,而这种统一,对中国文化其后的历程影响至深至巨。儒家和法家围绕着分封制和郡县制、师古与崇今等问题展开了激烈的斗争。公元前213年,秦始皇为了加强专制统治,采纳了李斯的建议,"下焚书之命,行偶语之刑"。(《隋书·牛弘传》)次年,卢生、侯生等方士、儒生私下指责秦始皇专任狱吏、贪于权势等,秦始皇闻讯大怒,严令追缉,将"犯禁者四百六十余人,皆坑之咸阳,使天下知之,以惩后"。(《史记·秦始皇本纪》)焚书坑儒,开历史上君主思想专制的恶例。

秦始皇"焚书坑儒"的文化专制政策以其酷烈性激起后世儒生的反复抨击,然而,实现思想一统乃是君主专制政治下无可回避的历史任务,儒生士大夫应找到与地主制经济、宗法——专制君主政体比较吻合的文化形态,才能被统治者采纳,推行于当世并行之久远。

随着汉代"罢黜百家,独尊儒术"文化政策的推行,儒学取得了"定于一尊"的显赫地位,原来并不专属儒家的《诗》《书》《礼》《易》《春秋》,一变而成为儒家独奉的经典,并被西汉统治者正式尊为"五经","立五经博士",并推行"以经取士"的选官制度,传经之学和注经之学成为专门学问。这就是汉代至清代的官方哲学——"经学"。

汉武帝以后,儒家经典覆盖政治、思想、文化各个领域,但是,由于学术派别不一,经学内部爆发出今古文之争。概要说来,今文经学的特点是政治的,讲阴阳灾异,微言大义。古文经学的特点是历史的,讲文字训话,明典章制度,研究经文本身的含义。前者主合时,后者主复古。前者学风活泼,而往往流于空疏荒诞;后者学风朴实平易,但失之烦琐。

从武帝时代直到西汉末,今文经学居于"官学"正统地位。在今文诸经中,《春秋公羊传》尤为重要,以治《春秋公羊传》起家的董仲舒,在著名的《春秋繁露》这样一部今文经学著作中,淋漓尽致地阐述了"天人感应"、阴阳五行、"三统"(黑统、白统、赤统)循环等学说,从而建构起天人一统图式,对中国传统思想文化产生了极为重要的影响。古文经学在王莽摄政时扶摇直上,东汉继续发展,大学者辈出,贾逵、服虔、马融、许慎为其中的佼佼者。东汉末年,马融的学生郑玄遍注古、今文群经,不拘泥于师承门户和学派壁垒,成为有汉一代隆盛经学的总结性人物。

从汉武帝"罢黜百家,独尊儒术"后,儒家思想成为两千多年来中国古代社会的正统思想,经学是儒家思想的核心,可见经学对中国传统思想文化影响之深远。在汉唐时期,以经学治国,通经可以为仕,因此,儒家经学渗透到政治、思想、学术、文化等各个领域。尤其是学校教育和科举考试,几乎都是以经学为基本内容和重要标准,经学成为历代统治者维护其统治的精神支柱。同时,经学也严重抑制了新思想的萌芽,阻滞了科学技术的发展。

(三)两宋:理学建构与市井文化勃兴

宋代文化最重要的标志是理学的建构。

宋明时期,儒学吸收佛道思想,从理论上进一步得到完善,形成一种新的理论形态——理学。宋明理学是高度哲学化和政治伦理化的儒学,是儒学发展的最高理论形态,是儒学发展史上的鼎盛期。

两宋理学,不仅将纲常伦理确立为万事万物之所当然和所以然,亦即"天理",而且高度强调人们对"天理"的自觉意识。为指明自觉认识天理的途径,朱熹精心改造了《大学》,突出了"正心、诚意"的"修身"公式:"古之欲明明德于天下者,先治其同;欲治其国者,先齐其家;欲齐其家者,先修其身;欲修其身者,先正其心;欲正其心者,先诚其意;欲诚其意者,先致其知;致知在格物。"从"格物"到"致知",实质上将外在规范转化为内在的主动欲求,亦即伦理学上的"自律",有了这一自律,方有诚意、正心、修身乃至齐家、治国、明德于天下的功业。

南宋着意于知性反省、造微于心性之际的"内圣"之学骤盛,与王安石的熙宁变法的失败有很密切的关系。学者们认定宋神宗和王安石的"外王"建立在错误的性命之理上,与释氏之道有近似者,因而,理学注重"内圣"之学,不仅是为了对抗佛老心性之学,而且是为了继续王安石未完成的"外王"大业。余英时在《朱熹的历史世界》中曾一针见血地指出:"理学家如朱熹和陆九渊他们对儒学的贡献虽然毫无疑问是在内圣方面,但是他们生前念兹在兹的仍然是追求外王的实现。更重要的是,他们转向内圣主要是为外王的实现做准备,因此他们深信外王首先必须建立在内圣的基础上。"朱熹和陆九渊致力于"登对"和"轮对"活动,张栻和吕祖谦同样密切注视着一切有助于"得君行道"的轮对活动,最后目的都是要重建合理的生活秩序——即所谓"得君行道"。可见,"得君行道",重建合理的社会生活秩序,这不是个人的独特体会,而是宋儒的共同认识。

与理学家着意于知性反省、造微于心性之际的趋向相一致,两宋的士大夫文化也表现出精致、内趋的性格。

词起源于市井歌谣,因文人介入而趋于雅化。与含义阔大、形象众生的诗不同,词小而狭,巧而新。它侧重音律和语言的契合,造境摇曳空灵,极为细腻,极为精致。尽管宋代词坛还有别一番风貌的歌唱,这就是由苏轼开创的、以辛弃疾为代表人物的豪放词风,但词坛的主流始终是"婉约""阴柔",集中反映出两宋文人士大夫与唐人大不相同的心境和意绪。

宋词雅,宋画也雅。苏轼在《跋宋汉杰画山》一文中提出"士人画"这一观念,强调融诗歌、书法于绘画之中,以绘画来表现文人意趣。以此文化心理为总背景,两宋绘画富于潇洒高迈之气与优雅细密、温柔恬静之美。

两宋士大夫文化的其他领域,也无不表现出与宋词、宋画相通的性格。两宋古文舒徐和缓,阴柔澄定,宋诗"如纱如葛""思虑深沉"。士人饮茶"品第之胜,烹点之妙,莫不咸造其极"。

两宋文化还有一个重要内容,就是教育和科技发达。从教育来看,宋代官学系统有两大特色:一是在学校教育制度上等级差别不断缩小,如官学向宗学转化后无问亲疏,国子学向太学转化后无问门第,这样一种变化无疑有利于低级官僚子弟乃至寒门子弟脱颖而出;二是重视发展地方学校,至北宋末期,地方州县学堂发展到高峰。教育的发展与深刻的变革使宋代整个社会的文化素养超过汉唐,宋文化繁盛的基础正在于此。从科技来看,指南针、印刷术、火药武器三项重大发明创造是宋代科技最为突出的成果。北宋贾宪、南宋秦九韶在数学领域做出了具有世界领先水平的贡献。百科全书式的人物沈括"于天文、方志、律历、音乐,医药、卜算无所不通,皆有所论著"(《宋史·沈括传》),且创见迭出。天文学、地理学、地质学、医药学、冶金术、造船术、纺织术、制瓷术等方面也都有令人目眩的成就。在此前后的任何一个朝代,无论是科学理论研究,还是技术的推广应用,比起两宋都大为逊色。

陈寅恪为《宋史职官志考记》一书作序说："华夏民族之文化,历数千载之演进,造极于赵宋之世。"指出了宋朝文化在中国文化史上的重要地位。

(四)明清:文化专制与西学东渐

明清是中国君主专制制度登峰造极的时代,文化专制空前严酷地钳制着思想文化界。

朱元璋以文字之"过","纵无穷之诛",大批儒生士大夫因文字而遭横祸。如常州府学训导蒋镇作《正旦贺表》,中有"睿性生智"之语,朱元璋以"生"为"僧",认为是讽刺他当过和尚,从而大开杀戒。"庄廷龙《明史稿》案""戴名世《南山集》案""吕留良《文选》案",均是康雍时期所发生的轰动全国的大案。

明清统治者在文化领域制造恐怖;另一手则崇正宗、灭异端,程朱理学占据统治地位。朱元璋多次昭示,士人必须"一宗朱子之书","非濂洛关闽之学不讲"。又规定科举考试一律以朱熹的注为标准答案。于是,明初学术界成为程朱的一统天下,程朱理学被推上至尊地位。清代统治者在推行文化专制上也不遗余力。乾隆年间,清高宗借编撰《四库全书》的机会,全力剪除危及封建统治思想基础的"异端"学说。

明清两代的文化,一方面是文化专制主义空前强化,程朱理学占据统治地位;另一方面,与社会形势的变化相适应,又出现了具有市民反叛意识的早期启蒙思潮。如王阳明的"致良知",打破了程朱理学一统天下的局面。他的门生王艮以及泰州学派的传人李贽则走得更远,已有较为鲜明的市民反对派气息。明清之际三大思想家——黄宗羲、顾炎武、王夫之,以及方以智、唐甄、颜元、戴震、焦循等人,更从不同侧面与封建社会晚期的正统文化——程朱理学展开论战,有的批判锋芒直指专制君主。

明代中后期市民文学的兴起,其理论代表是李贽的"童心说"和公安派的"独抒性灵",其代表作品为长篇小说、短篇小说集"三言""二拍"等,也是城市发展和某些新的生产方式萌芽的社会现实的反映。生动活泼、富于民间生活情趣的市民文学,较之明代前期内容空虚、徒具华丽形式的"台阁体"文学,以及前七子、后七子的"文必秦汉、诗必盛唐"的文学复古运动,都是一个巨大的跃进。至于清代出现的《儒林外史》《红楼梦》等作品,则在更大的广度和深度上揭露了封建制度的弊端,将古典现实主义文学推向高峰。

明清时期最富于战斗精神的政治哲学著作是黄宗羲《明夷待访录》和唐甄《潜书》,黄宗羲、唐甄用扩大相权、限制君权、提倡学校议政等办法来修补封建专制制度。与孟德斯鸠的《论法的精神》、卢梭的《社会契约论》相比较,就可以发现,虽然它们在批判封建专制帝王的猛烈程度上可谓东西呼应,但黄宗羲、唐甄提不出新的社会方案,孟德斯鸠、卢梭则拿出"三权分立"的君主立宪制、民主共和制这样的资产阶级国家蓝图。这表明,中国明清时期的进步思想与18世纪欧洲启蒙思想属于两个不同的历史范畴,前者是中世纪末期的产物,后者是近代社会的宣言书。

这时,明清两代进入了中国古典文化的总结时期。在大型图书的编纂方面,《永乐大典》被公认为世界上最早的、最大的一部百科全书。《康熙字典》是世界上最早的、字数最多的字典。《四库全书》是至今为止世界上页数最多的丛书。在科学技术巨著方面,李时珍的《本草纲目》、潘季驯的《河防一览》、徐光启的《农政全书》、宋应星的《天工开物》、徐霞客的《徐霞客游记》,方以智的《物理小识》等都是封建社会中晚期科学成就的高峰。在学术方面,清代乾嘉学者对于中国传统学术文化的承传不坠以及向前推进,做出了不可抹杀的贡献。

明末清初,利玛窦、汤若望等欧洲会士东来。他们将近代的世界观念以及西方文艺复兴时期的自然科技成就广泛传播于中国学术界,打开了部分中国士人的眼界。近代科学思维的重要特点是实证方法和数学语言,徐光启、方以智等人,通过接触西洋近代科技知识,重视"质测之学"和数学语言的应用,初步显示出近代科学思维的风貌。遗憾的是,由于宗法专制社会政治结构的强固以及伦理型文化传统的深厚沉重,"西学东渐"的过程在明末清初进展缓慢。

产业革命催化国际分工,资本以其魔力无穷的巨掌将全世界卷入商品流通的大潮之中,宗法农业社会的中国也在劫难逃,工业先进的西方是绝不肯放过如此巨大的一个商品倾销地、投资场所和原料产地的。中西方的冲突已成为不可避免之势。1840 年爆发的鸦片战争,以血与火的形式把中国文化推入了一个蜕变与新生并存的新的历史阶段。

第二章 世界优秀传统文化传承与发展的借鉴经验

第一节 弘扬中华优秀传统

民族若是一片森林,文化就像阳光、雨露和土壤,是民族形成、发展的必要条件。文化是民族的精神家园,其内涵极其丰富,从语言文字到饮食服饰,从家风民俗到节庆乡愁,从婚丧嫁娶到待人接物,从英雄传说到歌诗乐舞,耳濡目染、以文化人,渗透于国家、民族的全部社会生活,为全体社会成员提供着多层次多方面的精神滋养,是民族凝聚力的重要源泉。文化以价值观为精髓,融入社会生活、浸润思想道德。在我国,文化自信的要义,就是对中华优秀传统文化、对革命文化、对社会主义文化的自信,特别是对其中蕴涵的社会主义核心价值观的自信。这是中华民族精神独立性的基本标识,是中华民族生生不息、发展壮大的精神支撑。

中华民族有五千多年的悠久历史,创造了灿烂的中华文明。在世界四大古老文明中,唯有中华文明延续至今,并保持着强大的生命力和创造力。中国作为一个文明古国,长期在世界上科技领先、经济繁荣、国力强盛,对人类文明进步做出了巨大贡献。我们坚定文化自信的一个重要方面,就是要科学总结历史文化遗产,把那些真正体现中华民族禀赋、特点、精神的优秀传统文化继承下来,并根据新的时代条件在创造性转化、创新性发展中加以发扬光大。

第一，以坚定的文化自信传承和弘扬中华优秀传统文化中天下为公、以民为本的价值取向和精神追求，永远和人民血脉相通，全心全意为人民服务。

我国古代很早就提出"民为邦本，本同邦宁"，把人民作为国家的根本。周武王伐殷，师渡孟津而作《泰誓》，"天视自我民视，天听自我民听"，"民之所欲，天必从之"！把"民之所欲"作为推翻商纣的革命正义性的根本依据。春秋战国时期，以民为本是诸子百家的共识。管仲鲜明地说："政之所兴，在顺民心；政之所废，在逆民心。"老子说："圣人恒无心，以百姓之心为心。"孔子提出"大道之行也，天下为公"的"大同"社会理想。孟子强调："民为贵，社稷次之，君为轻。"他对齐宣王说："乐以天下，忧以天下，然而不王者，未之有也。"对梁惠王说："老吾老，以及人之老；幼吾幼，以及人之幼。天下可运于掌。"天下为公、以民为本的思想博大精深，为中国传统文化种下了富有人民性和革命性的基因，在长期的历史发展中反复经受实践检验而不断丰富和发展，形成多层次的社会主义核心价值观和坚定的精神追求。举贤任能、讲信修睦，关心民瘼、重视民生，倾听民意、顺乎民心，成为促进国家兴旺发达、克服各种危机和挑战的强大正能量；公忠为国、公而忘私，重义轻利、先义后利，"先天下之忧而忧，后天下之乐而乐""天下兴亡，匹夫有责"，铸就了充沛天地的人间正气；"己所不欲，勿施于人"，推己及人，扶危济困，尊老爱幼，慈爱友善，促进着中华民族的社会和谐与进步。

第二，以坚定的文化自信传承和弘扬中华优秀传统文化中自强不息、勇于创新、善于学习、与时俱进的开放思维和开阔胸襟，永远保持中华民族精神上的独立性、创造性和生命力。

中华民族自古铭记"满招损，谦受益"，对客观世界采取敬畏尊重、虚心学习的态度，是一个谦逊好学、求真务实的民族。老子提出"道法自然"的原则，承前启后，影响深远。古代哲人讲"日新之谓盛德"，讲"苟日新，日日新，又日新"，讲"天行健，君子以自强不息"，这不但是"道法自然"的生动实践，而且培育了中华民族乐观进取的精神、开放创新的思维和开阔包容的胸襟。

同时,中华民族又历来反对叶公好龙、纸上谈兵,讥讽坐井观天、夜郎自大,批评刻舟求剑、囫囵吞枣,嘲笑邯郸学步、东施效颦,要求无论学习还是创新,都要从自己的实际出发,都要注重实践、接受发展着的实践的检验。这种勇于创新又不忘初衷、谦逊好学又不失根本、乐于包容又拒绝迷信盲从的充满辩证精神的文化立场和态度,使中华优秀传统文化富有原创性、开放性、包容性,使中华民族自古以来就以"朝闻道,夕死可矣"的精神去执着地追求真理、实践真理,为真理而斗争。

这种文化立场和态度,在天下为公和以民为本的价值取向和精神追求的驱动下,使中华民族在强盛时能够亲仁善邻、海纳百川、取长补短、互学互鉴,在困顿与灾难中能够不屈不挠、励精图治、转益多师、探寻新路,形成了中华民族积极进取的巨大创造力和"多难兴邦"的强大修复力。玄奘西行、鉴真东渡这样历经艰辛、九死一生的文化交流传奇,是发生在国势强盛的唐朝的千古美谈。明朝郑和率领船队横跨波涛汹涌的太平洋、印度洋,到处传播友谊、互惠贸易,那是当时世界上最为强大的无敌舰队。而在1840年鸦片战争以后,在陷入半殖民地悲惨境地的深重灾难中,中华民族进行了人类历史上最为伟大的海外学习运动、最大规模的社会变革试验、最为深刻的人民大革命,终于成功改变了民族命运。

第三,以坚定的文化自信传承和弘扬中华优秀传统文化中热爱和平、以德服人、向善向上的道德境界,践行亲仁善邻、和而不同、合作共赢的国际关系原则,建设人类命运共同体。

中国自古重视德。《尚书·大禹谟》中说:"正德、利用、厚生惟和。"把"正德"列为平治天下的三件大事之首。先秦时期的诸子百家共同塑造着中华文化重德尚义的传统。在老子那里,德就是"善",他说:"上善若水,水利万物而不争。"在孔子那里,德的核心是"仁",提倡"泛爱众而亲仁"。孟子也说:"仁者,爱人。"这种观念渗透于"修身齐家治国平天下"的各个层面。在这些层面上,都要重德、敬德,都要与人为善,都要践行"己所不欲,勿施于人""己欲立而立人,己欲达而达人"的原则。

中华优秀传统文化对于德的重视和认识,其重要特点和可贵之处在于不仅讲"利万物""泛爱众",而且讲"和而不同""和为贵"。在长期的社会实践中,先哲们对世界的多样性有着深刻的认识和概括。西周史伯说:"夫和实生物,同则不继。以他平他谓之和,故能丰长而物归之,若以同裨同,尽乃弃矣。"指出不同的东西彼此和谐才能生成世间万物,如果所有的东西都一样,世界就不再发展了。由此形成了中华优秀传统文化中"和而不同"的思想。《周易》所谓"地势坤,君子以厚德载物",《礼记》所谓"万物并育而不相害,道并行而不相悖",都是讲"和而不同"是自然之道,也是君子之德。这就要承认差异,包容差异,尊重差异,以求同存异、互学互鉴的原则去和谐相处,并推动事物的积极发展。人与人相处、国与国相交、民族与民族相友,都要遵循这个原则。这是个人和顺、家庭和睦、社会和谐、民族团结、天下太平的通途。所以,中国自古反对霸道,反对穷兵黩武、对外扩张,主张"故远人不服,则修文德以来之",强调"得道多助,失道寡助",践行亲仁善邻、协和万邦。这些正是"和而不同"的观念在处理国家关系、民族关系上的运用。

中华民族是在历史进程中逐渐形成并经过数千年历史风雨考验和洗礼的一个多民族的大家庭。这些民族之间的关系不是征服者与被征服者的关系,而是相互尊重、平等相待、情深谊长的同胞兄弟。中华文化是这些民族共有的精神家园,中国是这些民族共同的祖国,是这些民族的命运共同体,各个民族各自独有的文化特点、风俗习惯和权益得到了充分的保障和尊重。这本身就是"和而不同"的一个成功典范。

中国自身的历史经验使中国从来拒绝扩张野心,也从来没有为扩张领土而发动过侵略战争。中国在很长的历史时期一直是世界强国,却从来没有奉行过西方列强那种"国强必霸"的思维逻辑和行为模式,更没有西方列强为抢夺殖民地而残酷灭绝土著民族、大规模劫掠非洲黑奴的罪恶行径。中华人民共和国成立后,一直奉行独立自主的和平外交政策。中国将坚定文化自信,传承和弘扬中华优秀传统文化,亲仁善邻、以德服人,和而不同、合作共赢,努力建设人类命运共同体,造福于中国人民,造福于全世界。英国历史学家汤因比曾明确地比较了中华文明与西方文明的特征和历史贡献，他认为，西方在经济和技术上影响和征服了全球，但是却留下了政治上的民族国家林立世界的超级难题，这个政治真空将由中华文明来补足。他最终的结论是，中华文明，这个历史上一直以和平主义和世界主义为取向的天下文明，将在21世纪成为全人类的共同精神财富。

历史和现实都正在强有力地证明，一个强大、自信的社会主义中国在世界东方蒸蒸日上，不会重复西方资本主义发展的老路，将打破"国强必霸"的西方逻辑，不是世界的"威胁"，而是世界的机遇。它将为应对各种全球性挑战和加强全球治理提供重要的中国方案，为世界各国人民谋和平求发展奉献有益的中国智慧，在推动世界建设人类命运共同体方面做出独特的中国贡献。

第二节 中国古代学者文化传承的经验

中国古代特别重视通过完备的教育和社会道德体系，推进思想、道德、制度、伦理在社会层面的落实，从而巩固在政治、文化上的统治，实现优秀传统文化的传承。

中国教育的历史非常悠久，早在唐虞以前的五帝时代就有了学校，并且有了大学与小学的分别，还设立了专门的学官来管理教育事业。《礼记·王制》说："殷人养国老于右学，养庶老于左学。"在殷商时期就已成立培养性质不一样的学校。到了西周，进一步明确了"乐正崇四术，立四教，顺先王诗书礼乐以造士"的教育原则，另外还构建了一套完整的学制体系。但是当时政治经济条件决定了社会上只存在官学不可能设置私学，官学又与国家政权机关密切联系，没有独立于政权设置，因此只有贵族才有享受学校教育的特权。这一时期教育的内容以"六艺"为主。中国私学始于春秋时期，伟大教育家孔子在鲁国曲阜设立学舍,以《诗》《书》《礼》《乐》传授弟子。因此到了战国时期,儒、墨、道、法四家私学对社会影响甚大。"周承四代之制,立四学于京师。辟雍居中,东胶在左,瞽宗在右,虞庠在国之西郊,其在侯国之都者曰泮宫。自乡遂而下,则庠序并设。"因此,两周时期政府组织开展的教育已经相当完备。随着秦汉的统一,思想文化上的大一统使得尊儒、教育和选士三者紧密结合起来,还促成太学、地方官学和私学纷纷发展,形成了一个以儒家思想文化为基本传授内容的学校教育系统。到了魏晋南北朝时期,地方教育制度开始逐渐确立,北魏时期不仅普遍设置了专门的教育机构——州郡学,而且制定完善了州郡学校教育制度。在这一时期私学得到了蓬勃发展,质量和规模都超过官学。隋唐时期成为古代教育的鼎盛时期,教育体系管理严密、形式完备、种类繁多,超过以往任何一个朝代。中央官学与地方官学相联系,以儒家经典教育和传授专业知识并举的教育内容,科举制的诞生也使古代王朝选士和育士紧密结合在一起。唐朝时,更有"十户之村,不废诵读"的文化传统。到了宋朝,书院制开始施行,出现了著名的书院,促进了学术文化的繁荣。明朝以教育为本,程朱理学是明朝主要的教育内容,将教育和科举相结合,学校逐渐成为科举的附庸。清朝历代统治者都极力推崇儒家经术,广泛宣扬程朱理学,制定了"兴文教,崇经术,以开太平"的政策。因此,可见历朝历代都极其重视教育对于传承儒家经典文化,传承优秀传统文化的作用,因此中国的教育事业发达,使得"四海之内,学校如林"。

中华民族在悠久的历史发展历程中创造了丰富璀璨的文化,其中还有一个特别重要的原因就是在几千年的优秀传统文化传承实践中,统治者充分利用风俗节日的引导和乡规民约的制约从客观上推动优秀传统文化的传承。几千年来,中华民族创造并保存了许许多多传统节日,这些节日清晰地记录着中华民族丰富而多彩的社会生活文化内容,并依托这些节日及其开展的民俗庆典活动不断展示中华民族优秀独特的文化,并传承优秀文化。例如,"元旦"一词最早出现于《晋书》:"颛帝以孟夏正月为元,其实正朔元旦之春。"在节日形成之初,仅仅只是作为新年第一天的含义,但在漫长历史发展进程中,慢慢衍生出其他种种文化内涵。例如,"谨候岁始,慎终追远、祭拜先祖、驱邪避疫、惩恶扬善、万物更新"等。古代元旦都会举行庆贺、典仪、祈祀等活动,以及挂春联、贴福字、舞龙灯、放鞭炮、守岁、吃团圆饭等娱乐欢庆活动。通过这些民俗活动的举办开展,很好传承了优秀传统文化慎终追远的精神理想和心理寄托,显示了中国人追求天人合一的宇宙观、人生观、伦理观。还有端午节是中国很古老的一个节日,最初是为了避开五,才称为端午,后来屈原殉楚后,人们为了纪念屈原,在江边举行一系列的纪念活动,包括:赛龙舟、吃粽子、挂香囊等,随着时间的推移,爱国主义的精神也逐渐融入端午节的纪念活动中,人们往往通过纪念屈原,来弘扬爱国主义精神。因此,节日民俗庆典活动对中华优秀传统文化的传承也起到了积极的推动作用。

同时,古代中国社会是一个伦理道德型社会,古人创造了许许多多属于我们民族所独有的传统道德思想与规范,这些传统道德思想与规范大量的保留在浩如烟海的乡规民约、家训族规、学规塾诫等民间文献中。大部分乡规民约都包含了提倡克勤克俭,谦虚谨慎,勤俭持家,敦厚朴实,耕读传家,乐于吃亏,提倡认真读书,端正读书态度,教育子孙族人、乡民学子立身处世,要做好人,做君子等内容,这些乡风民约都通过宗族祭祀、私塾课堂等载体不断传承下来,优秀传统文化在民间的传承落实在乡规民约,成为社会道德他律的一种重要形式,社会管理也实现了稳定的目标,也不断推动社会道德能一直延续至今。

第三节 当代中华优秀传统文化传承的成就

新中国成立后进入到社会转型期,危机四伏,但是依然有一批文化精英致力于推动优秀传统文化的传承,他们通过文化自觉,不断提出中华优秀传统文化建设的新路径和新方向,并激发民众提高文化自信,主动自觉地承担起优秀传统文化传承的重任。到了改革开放以后,文化建设与发展已经进入了历史的春天。事实也证明,过去十余年的文化建设取得了令人瞩目的成就。近年来,党和国家在文化建设中,不断总结传统文化传承的经验,结合国内外形势的变化,不断提高全党全民族对优秀传统文化传承重要性的认识,加大对传统文化传承人财物的投入,丰富优秀传统文化传承方式,加强与世界各民族文化的交流与合作,在敢于担当的文化自觉精神层面,在高度文化自信的基础上,不断拓展中华优秀传统文化的传承与弘扬空间,展示全新的中国形象。

近年来,在党中央、国务院的高度重视下,各级党委、政府对文化建设的人财物投入力度逐年加大,党和政府已经把中华优秀传统文化的传承上升到国家发展战略的高度,这是前所未有的。

国家在重视提高优秀传统文化传承地位的同时,结合时代的条件,不断创新传承方式,使得传承方式得到极大丰富。首先重视传统的传承方式,优秀传统文化一直以来都依托书籍、文字和报纸等传统的传承方式进行传承。所以国家继续重视和支持传统传承方式的建设,并没有因为新技术的出现,而放弃或减弱对传统传承方式的坚持。例如,国家把孔子生日当天9月28日定为全国的全民阅读日,鼓励全民阅读,阅读古代传统经典书籍。在全国开展中国汉字听写大会,在青少年中普及和巩固汉字书写知识,等等;其次,国家还积极发挥文化场馆在文化传承中的作用,不断加大资金投入力度,在全国各主要城市增设了文化场馆、博物馆。加强国内各地图书场馆建设,实现图书馆数量的逐年增长,开展中华经典巡回展示等,还恢复创办中国古代书院,加强国学经典课程的传授。例如,清华大学、人民大学等知名高校均设立了国学院,加强中华优秀传统文化的传承;最后,随着科学技术的不断进步,还积极利用新技术新形式创新优秀传统文化传承方式。充分利用计算机、电视机、电脑和手机全世界普及的趋势,发挥网络信息技术在文化传承中快捷方便的优势,传承优秀传统文化。例如,部分社会机构建设了中华优秀传统文化传承网站,以及一批专门介绍传统文化知识的网站。此外还依托电视节目推广传统文化。同时,国家还在积极探索利用商业推进优秀传统文化传承,通过将优秀传统文化市场化、产业化,促进优秀传统文化传承。例如,将经典名著推上银屏,近几年上映的国产动漫赢得了票房和口碑,在用动漫讲好中国故事上取得新突破,等等。

近年来,国家大力推进全方位对外文化交流与合作,特别是不断增强中华优秀传统文化与世界文化的深度交融和共同发展。积极推行走出去和引进来并举的战略,拓宽我国与世界各民族文化交流的渠道,创新与世界各民族文化交流的方式,目前世界上许多国家与民族都与中国政府或者民间组织展开文化对话、交流与合作,中国还在世界许多国家和地区设置了近400所孔子学院,开展中华优秀传统文化的推广传承。另外,中国的主流媒体积极作为,在文化传播的过程中充分发挥主要媒介的作用,影响力和作用力不断提升。在文化的对外传播和交流上,首先,国家政府和民间社会相继成立了中国传统文化交流委员会、中华文化交流与合作促进会等传统文化交流合作机构,依托传统文化资源优势,组织专门力量,更好地促进祖国与世界的文化交流与合作,参与国际文化艺术交流活动,不断弘扬中华优秀文化;其次,充分利用优秀传统文化域外传播在全世界的影响力和接受度大幅度提升的契机,积极请进来,邀请世界各国各民族优秀文化来华进行交流。例如,我们在国内开展亚洲文化艺术节、海上丝绸之路艺术节等,展示世界各民族优秀文化。同时,通过开展"青年汉学家研修计划"和"汉学与当代中国"座谈会,积极开展传统文化学术交流。此外我们充分利用开展的其他国际性活动来推广传统文化；最后，我们还积极走出去与各民族开展传统文化的交流。许多民间艺术团体和民间艺术家积极与世界各民族开展民间文化交流，如京剧、南音、木偶戏、布袋戏等已经走向世界的舞台；国家也积极推进相关文化机构、文化团体赴海外交流演出，如中国的许多知名歌唱家和各地的杂技团纷纷在世界进行巡回演出等，开展中俄文化大集、第二届中俄文化论坛、中国—东盟文化交流年、东亚文化之都等活动。中国文化部的海外中国文化中心建设也正在有条不紊推进。通过引进来和走出去并行的举措，不断弘扬传承中国优秀文化，树立当代中国价值理念，讲好中国故事，阐释中国特色，彰显中国精神，让当代中国形象在世界上不断闪亮起来。中国提出的"和合统一"与"和谐世界"的思想和理念，在全世界许多国家引发了热烈的讨论，许多国家对此给予了充分的肯定，例如，英法德等国家的主流媒体都积极评价中国文化的独特魅力，认为当代中国积极发掘自身传统文化独特的魅力和价值，向世界展现了辉煌璀璨的中华文明。

第三章 优秀传统文化传承发展的困境

第一节 优秀传统文化传承与发展的关系定位

一、传承发展必须坚持科学理论指导

近代以来,国人在传统文化的继承方面进行了艰苦卓绝的努力,取得了重大进展和成就。20世纪以来我国文化建设的一大景观,就是运用西方近现代的某种思想理论对中国传统文化实施解构、整合或重构。在这一过程中,提出了"思想的根本精神""民族精神之潜力""抽象理论最高之学"等观点,这对于中国传统文化的继承、推动传统文化的现代化和现实社会的文化建设都起到了重要而积极的作用。但是,必须看到,他们所援引和根据的一般是近现代资产阶级的某一种思想理论。无论哪一种理论,尽管都具有某种程度的真理性和科学性,但整体上都是非科学的理论。因而,在这些思想理论指导下,研究中华民族传统文化继承问题,虽然不乏真知灼见,并在一定程度上促进了传统文化的再生和转化,但是都没有从根本上解决问题。

二、传承发展必须坚持辩证地批判继承

实现中国传统文化的现代化,必须坚持唯物辩证法。继承传统文化,应是辩证法的批判继承,而不是形而上学的抽象继承。借鉴、继承中国传统文化不是原封不动地拿过来,吃了狗肉就变成了狗肉,而是要经过咀嚼、消化,

经过由此及彼、由表及里、去粗取精、去伪存真的具体分析过程,吸收有益的营养,排除无用的糟粕,在批判中继承,在继承中发扬,在发扬中创新,在创新中获得新生。

总之,文化的发展史是一个由简到繁,由粗朴到精致,由不够完美到逐渐完美的过程,这是一个前后不断继承发展的过程。在推动传统文化崛起的今天,要处理好传统文化的继承与发展关系。坚持没有继承就没有发展,没有发展就无所谓继承,二者相辅相成的思想,即在继承优秀文化传统的基础上,根据当下的文化建设的需要,对传统文化进行革新和创造,使传统文化与现实交融汇合,并且在现实土壤中更加五彩斑斓、缤纷多姿、璀璨夺目、异彩纷呈。

第二节 优秀传统文化传承的困境与社会学分析

一、我国优秀传统文化传承的实践成果

文化是民族共有的精神家园。在中华民族的精神家园里,需着重对中华优秀传统文化的基本概念、基本内涵予以把握,了解与其相关的基本理论,以使人们真正理解传承我国优秀传统文化的现实价值及意义之所在。

(一)我国优秀传统文化的内涵及其传承价值

谈及传统,人们经常将其与"封建""守旧""保守"等不变、静止相关意义上的词汇挂钩,这是应当予以纠偏的。黑格尔不仅对"传统"做了生动形象的描述,也给出了中肯的概括,"在科学里,特别在哲学里,我们必须感谢过去的传统。传统并不是一尊不动的石像,而是生命洋溢的,有如一道洪流,离开它的源头愈远,它就膨胀得愈大"。传统不是固定不变的东西,它也有自己有趣的成长史和艰辛的发展史。传统是见证社会前进、历史发展的"活

化石"，积淀着不断形成发展中的"人"对社会历史的感知和现实的感受。这就要求我们要用运动和变化、发展的眼光来看待传统。在中国大地上，群居生活在一起的中国人民，每一辈人的社会实践活动成果都可以作为一份宝贵遗产留给下一辈人，不管这份遗产是有形的还是无形的，是当辈人强加的还是后辈人耳濡目染的，都足以帮助他们的家族获取更丰硕的果实，这就是传统的力量。每一个传统事实上都在努力，我们也不必要排斥哪一个传统。任何传统只要能对真实的问题提出最有相干性的解决办法，它就是最有前途的。因此，应运用辩证的观点来看待传统，而不能将传统限定在形而上的框架里。

传统并非在形而上的范畴里，"传统文化"应是"流动"的文化，是人活动于其中并具有一定时空特性的文化。人的一切文化之所以是人的文化，乃是由于思想在里面活动着。思想是人的思想，文化是人的文化，是人发挥主观能动性的精神前提，但文化又是可以相对独立于其当时的政治、经济关系之外的意识形态，或超前或滞后，因此传统文化具有相对的稳定性。它在一定历史时期内将人按照自身的理念、意义来改变自然和人自身的一切活动及其成果作为一种思想观念积累、沉淀下来。这样的成果包括传统思想观念、风俗习惯、礼仪制度乃至科技、建筑、文艺等，都属于传统文化的具体表现形式。

1.我国优秀传统文化的内涵。人们常将中国传统文化做"优秀"与"非优秀"的归类，而从严格意义上来说，"传统文化"是无法单纯用"是与非""对与错""好与坏"来划分的。人们无法阻碍时代变迁的脚步，目前对中华优秀传统文化库也无法穷尽认识，人们容易忽略那些"优秀"和"非优秀"共存的成分，但其随着时代的发展和实践的需要有可能被挖掘和发现，因此应用整体思维来界定传统文化。用具有整体含义的"中国传统文化"来论述，并非说明所有的传统文化都可以传承，而是希望现代人以省思的眼光来对待它，理解其在一定时期内得以存在的合理性，尊重它们的独立性和独特的价值观。中山大学李宗桂教授在"中华优秀传统文化当代价值"的理论探讨会上指出,判定传统文化是否"优秀"应限定于"传承"层面上,而这样的优秀传统文化应首先具有发展的连续性,这是保证优秀传统文化不断向前发展以实现一脉相承的前提;其次,这样的优秀传统文化要能决裂于那些消极的、不符合时代发展要求的思想观点,并能在与外来文化的相处中吸取其优长而实现文化创新。这样的评判标准事实上促使文化的世界性、时代性与民族性得到有效的融合,能更全面地表明传统文化的"优秀"之所在。

中华优秀传统文化,主要倾向于传统文化中的那些具有中华民族自身特色的、影响过整个社会的并对未来社会发展起促进作用的、值得时代继承和发扬的、具有生命力与潜在的影响力的积极的思想成分。同时,人们在充分利用头脑和智慧将这些积极向上的思想成分转化为看得见的文化实物或文化成果时,仍然具有启发意义和影响价值。

2.传承我国优秀传统文化的当代价值。从时代的角度来看,我国优秀传统文化的价值是显而易见的。在当今世界形势的经济全球化、政治多极化、文化多元化的"三化"背景之下,它的某些成分可以成为促进整个"地球村"经济、政治、文化实现良性互动,促成"村民"与"村民"之间和谐美好局面的助力。我国优秀传统文化之所以具有这样伟大的包容性,主要体现在它"具有吸纳、融摄和嫁接包括西方近现代文化在内的世界上一切优秀的异质文化的性质",这一切都归因于我国优秀传统文化的"和合"内涵。在处理人与自然的关系和人际关系方面,我国优秀传统文化始终追求"以和为贵"。"和"不是盲目地追求一致和整齐划一,而是尊重差异,包容多样,这样才能让"地球村"的每个"村落"都因具有自身特色而大放异彩。

就文化理论角度而言,我国优秀传统文化是必不可少的文化资源和思想素材。我国优秀传统文化本身是一个巨大丰厚的文化宝库,内蕴天文地理、人情世俗等各方面丰富的文化知识和文化资源。其中蕴含的浓厚的思辨传统和辩证的思维方式,也是中国哲学的世界观和方法论的重要参考。

从心理角度上看,中华优秀传统文化是促成国民良好心理素质养成的重要引导。"文化的基本精神就是文化发展过程中的精微的内在动力,也是指导民族文化不断前进的基本思想。"民族文化的前进在一定程度上意味着国民心理素质的提升。从国家层面的"天下兴亡,匹夫有责""先天下之忧而忧,后天下之乐而乐""精忠报国""穷则独善其身,达则兼济天下""修身齐家治国平天下"等,到社会教育层面的"有教无类",最后在个人层面上的"自强不息""刚健有为""舍生取义"等,这些都是促成国民的良好心理素质养成的重要思想引导。

(二)我国优秀传统文化传承的实践成果

实现我国优秀传统文化的发扬光大,文化传承是一项重要的文化实践活动,它是优秀传统文化魅力得以展现的重要途径。然而,实践成果不应只是摆设或者一个过渡,对其予以高度有效的总结是推动文化传承进一步发展的一项重要举措。

中华优秀传统文化博大精深,富有促进世界、国家、社会及个人生存与发展的当代价值。在实现这种当代价值时,文化传承是一种重要的文化实践活动。我国在传承优秀传统文化时也取得了一定的成就,一系列代表中国元素、中国特色的文化"符号"应运而生。

1."文化强国"的民族文化理论品牌。文化自信、文化自觉、文化自强渐渐深入人心,中华民族的优秀传统文化再次引起广泛关注,这似乎是一次全民族的文化觉醒。文化强市、文化强省、文化强国等各项工作也如雨后春笋般,在全国得到了开展,也受到民众的热烈拥护与广泛参与。

文化产品主要包括物质产品和精神产品,此处主要涉及其狭义含义,即经过人类劳动所创造出来的具有愉悦身心、提升人类素质等效用,并在一定程度上带动经济效益的产生。我国较为知名的文化产品如中医、武术、京剧、气功、杂技、文化节等,在国际上的影响力是巨大的,有助于外国人加深对我国文化的了解进而树立我国的良好形象。因此,文化产品具有一定的民族特性,其凝聚着我国优秀传统文化的精髓与中华民族文化的价值观,是代表我国形象的文化"符号"。

2."接地气"的草根文化。草根文化,通俗言之即符合人民大众口味的形式活泼的文化。而"接地气"的草根文化在含义上则更进一步强调内容积极向上、形式活泼健康,它是中华优秀传统文化传承的重要形式。首先,表现自身个性、展示"中国美"的百姓节目的涌现,是较为普遍的现象。例如,妇孺皆知的《星光大道》节目,是地地道道的以老百姓为主角的展现自我的媒介平台。老百姓将一些不为人所熟知的"绝活"搬到了大众平台上,无疑为文化传承开辟了一个草根天地,一些草根文化甚至实现了"大众化",即回归到实实在在的老百姓的生活里。而这一切都要归功于国家提供的自由的、开放的文化传承环境,使得"百花"真正实现了"齐放";其次,"微现象"的不断涌现也是"接地气"的草根文化的典型表现。不断迈入"微"时代的21世纪的人们,凭借"微博""微信""微视频""微电影"等"微平台",不断展现"微文化"的无穷魅力。从其积极意义上讲,这些平台不仅较为真实地反映了百姓的生活面貌,而且为我国优秀传统文化的传承提供了与时俱进的"微"途径,实现"微"突破,能更"接地气"地展示我国优秀传统文化的魅力。

3."走出去"的优秀传统文化。文化走出国门并不是单纯的文化产品的输送,它不仅在向世界展示我国优秀传统文化的魅力;更重要的是在一定意义上体现了价值观念得到外国人的认同。只要文化"走出去"了,文化传承便步入更高发展阶段。优秀传统文化成功"走出国门"的有以下几个较为典型的例子。

(1)"中国节"走出去:"中国节"是向世界友人介绍具有中国特色的喜庆节日,内容极具表现中华优秀传统文化的内涵,形式则讲究符合当国民众口味,"入乡随俗"。例如,"中国年"是阖家团圆的日子,也有着"人和为美""事和为美"的中国传统文化内涵。这是中华优秀传统文化中"和文化"的国际"亮相",是实现国际传承的重要成果。

(2)"汉语"走出去:语言是文化的基础,特别是在全球化时代,保护和发展民族文化就得保护和发展本国语言。语言的"闭关锁国"是行不通的,必须迈出国门,让外国认识它、接受它、认可它。2004年国务院开始实施"汉语桥"工程,"孔子学院"在海外的纷纷建立是其工程实施的项目之一。"孔子学院"以教授汉语和传承中华优秀传统文化为目的,是文化传承的一大实践成果,对中国实施和平外交战略和提升国家文化软实力,实现中国的"文化强国"梦具有不可磨灭的重大贡献。美国等其他国家对孔子学院的"走出去"成效也极为赞赏。它不仅是作为文化传承载体的汉语言得到推广的较为成功的试验,更是我国文化形象在国际上的完美展现。

（3）"中国文学"走出去:近些年来,中国文学在文化"走出去"战略中崭露头角,这也表明了中国正在用文学方式同世界交流。中国作家莫言获得诺贝尔文学奖引起的广大反响就是一个例子。为此,具有中国风格和中国气派的文学作品开始受到重视,来自世界各地的读者开始对中国文学感兴趣。中华优秀传统文化在文学上"唯美诗意"的体现,是引起千千万万海外读者主观体验并感受其独特魅力的重要途径,这在文化传承史上是一个重大突破,也是国人期待已久的重大文化成果。

二、转型期我国传统文化传承问题的解析

中国历史的长河在神州大地上已经流淌了五千年,五千年的历史孕育了伟大的中华民族。在五千年的漫漫历程中,祖国母亲以她博大的胸襟、充盈的乳汁,哺育了一代又一代华夏儿女,创造了无数可歌可泣的历史伟业,形成了辉煌灿烂的中华民族传统文化。这是我们的民族魂,是我们民族经历无数磨难而始终巍然挺立的精神。然而二战后,随着发展的世界级主旋律的唱响,中国也迅速加入了发展经济的洪流。在相当长的时间内,在发展方面也是仅偏重经济总量的增长,20世纪以来,片面注重经济发展而带来的许多社会问题陆续显露了出来,表现突出的就是中国传统文化在走向现代化转型过程中,出现了文化传承、文化整合、人文精神、文化构建等方面的矛盾和困境。中国传统文化、西方近现代理性文化以及20世纪人类的文化精神三种历史性的文化形态出现了乌托邦与世俗化的矛盾,使得统一的人文精神世界开始分裂,中国人的人文精神陷入了深重的"意义危机"。

(一)传统文化传承的历史境遇分析

1.文化传承问题的世界性存在。利用全球文化引导向世界和平,这无疑是人们的一个良好愿望。然而我们也看到,在全球化进程中,世界上一些大的文化体系由于其有着根深蒂固的传统和丰厚的内涵而不易与其他文化融合,呈现出相互碰撞、震荡和冲突的特点。在传统的发展观指导下固然带来了一定的经济总量的增长,但这种发展是用相当大的代价换来的,其中一方面就体现在发展进程中带来的全球性的精神危机。如拜金主义、纵欲主义、极端个人主义、精神空虚、信仰危机等现象迅速发展,一些发达国家经济发展取得了辉煌的成就,但各种社会病丛生,即使当今世界唯一的超级大国——美国,其前总统克林顿也不得不遗憾地指出,我们美国人的社会结构也不是无可责备的,我们的离婚率太高,我们仍然有太多的儿童遭到枪杀,我们仍然有大量毒品在泛滥。后工业社会价值观与前工业社会的资本主义精神,如勤俭、人文主义、健全的个人主义等的剧烈冲突,使得文化价值信念出现断裂。美国的文化冲突从根本上讲是正统冲动与进步主义冲动对美国文化含义的不同解释以及由此而演绎出来的在一系列问题上的不同理解,文化上保守的正统冲动的人们将他们对世界的认识基于超验的行而上学之上,认为真理、善是永恒不变的;而文化上的进步冲动的人们则拒绝承认这种被普遍认可的真理的永恒性,认为一切事物都是可变的。这种文化冲突直接关联到美国的体制与理想,它主要在如下的几个断裂带上展开:家庭、公共教育、大众媒介和政治选举。美国致力于在全世界推行美国价值,推行民主、个人主义、多元主义和市场观念,而在美国本土,美国价值本身却在销蚀。美同价值当中的重要组成部分——优胜劣汰和家庭价值受到空前的威胁。在社会中,由于"刚毅的个人主义"的肆虐,个人自由恶性膨胀,蔑视社会纪律,犯罪率持续上升,这对美国的民主价值也构成了威胁。

在全球化的进程中,伴随着西方国家的经济强势,文化渗透、文化侵略也日趋严重,呈蔓延之势。在西方文化结构向外过度扩展的情势下,发展中国家的传统文化正在逐渐边缘化。西方文化正在通过电影、电视、书籍等各种各样的方式蚕食少数民族文化和土著文化,印度和非洲的学者称其为"麦当劳化"。特普费尔曾发出警告说,日益加速的全球化进程将对世界文化、语言和生物多样性构成巨大的威胁。另据一份最新研究报告表明,全世界目前共有五千种至七千种语言,其中四千种至五千种为土著语言,两千五百多种语言受全球化影响正濒临灭绝。预计一百年后,世界上百分之九十的语言将会消亡,这就是说平均一两个星期即有一种语言消失。一种语言的消失便意味着一种文明从地球上消亡,意味着多样的文化表现形式被单一的、商业化的、个人化的资本主义竞争文化所取代。是增强不同文化之间的互相理解和宽容而引向世界和平,还是因为文化的隔绝和霸权而导致战争,将影响21世纪人类的命运。在全球化过程中,人类只有主动地有所作为,才有可能使全球化朝着有利于各民族、各地区的人的需要的方向发展。尤其是作为处于经济文化弱势的发展中国家,更要注意弘扬民族文化,振兴民族精神,增强凝聚力,提高文化竞争力,这是在全球化过程中不至于被强势文化所同化的根本保证。

2.中国传统文化传承问题的呈现。我国民族文化深层结构中的精髓与核心,是传统伦理道德,特别是我们民族的优秀传统道德,即我们通常所说的"中华民族传统美德"。中国传统道德,是指在中国社会历史的发展过程中,在五千年的中华文化发展历程中,逐步形成的社会伦理道德、价值观念及行为规范。其历史悠久、内蕴深厚、聚合力强,儒家的道德文化精髓以及民间道德标准、传统美德孕育了中华灵魂,塑造了我们的民族精神。中国传统文化中的"伦理道德",是指作为合格的社会成员应当遵循的、符合社会规范的做人准则和处理与家庭、邻里、社会、国家关系的行为准则。良好高尚的伦理道德,是维系社会和谐、健康、稳定的精神支柱。中国传统道德博大精深,归纳起来大致有十个方面的精华:爱国、孝悌、仁爱、谦虚、信义、勤俭、气节、和平、情操、修养。1978年以后,我国步入社会转型期,在传统文化实然的传承场域中,在一个广泛的社会范围内,人们的价值观念、道德规范、思维方式、生活方式发生了极大变化。近十多年来,商品大潮的冲击几乎改变了一切,物质与精神的、情感与理性的、金钱与良知的、心灵与肉体等的冲突日趋激烈,传统的价值取向、行为规范急剧溃散,旧的价值体系被破坏,而新的一时尚未建立,初已萌芽的也还不够健全,在一种失衡而混杂的现状面前,人们感到茫然困惑,不知所措,或怀旧其变,或消极观望,或随波逐流,出现了信仰危机、道德滑坡、价值迷失等伴随市场经济而来的负面效应,在物欲膨胀而精神萎缩的世风面前,人们为了拒绝被完全物化、商品化,已经逐渐意识到寻觅精神家园和灵魂栖息所的必要性。

在传统文化精华的传承中,我们看到的是中华优秀传统文化在各种舶来价值观念的冲击下苦苦挣扎,孝悌、仁爱、气节、礼仪等观念在人们心目中逐渐淡漠,信义、勤俭、情操、修养已经被人们贯彻得面目全非,传统儒家经典文化失传,民间道德、传统美德流失,忠孝仁义信礼智勇观念淡薄。"信礼智勇"虽然还是一个各社会通用的生存哲学和基本要求,但被我们嫁接了西方的价值观念,在儒家的词语外壳下,内涵不再,在全球化的今天,个人奋斗、快乐、自由,通通比道德来得重要;在西方契约社会价值观念的影响下,我们不难感觉到,周围人的诚信意识越来越缺失,言而无信、背信弃义的事不只在陌生人身上发生,在亲戚朋友熟人身上也见怪不怪了,这个时代被称为"诚信缺失的时代":四书五经摒弃,传统语言淡出,当今的中国年轻人极少能够直接进入传统文化的语言世界,传统语言目前只能以"成语""引语"一类的破碎形式残存于人们的话语中,以"戏说"的方式闪现在历史小说之中,民风民俗渐行渐远,传统节日悄然隐退,我们民族的文化精义逐渐失去赖以寄托的载体。其传承道路曲折艰辛,其流失和断裂也引人深思。

实际上,近几年来我国在全球化过程中经济的发展与社会的发展所取得的成绩已经表明,中国传统文化的现代转换与现代化的推进和调整是互动的和互补的,"传统文化其实就是在现代化的过程中获得了一种调节,同时现代化也就是在传统文化的发展中获得另外一种调节"。走向富裕的中国也将在发挥中华优秀传统文化的生存智慧、形成一种物质文明与精神文明互补共生的全球现代性方面发挥其应有的作用。进言之,儒家文化圈正在形成的这种文化传统与现代化之间的互动关系将极大地丰富和拓展文化层面的全球现代性,所以,一切能促进现代化进程以及能为全球文化现代性做出贡献的本民族优秀传统文化我们都应该有效继承,而不是轻易丢弃。

(二)中华优秀传统文化传承问题的社会转型因素

在传统与现代的"双重价值系统中",如何正确评估中国传统文化的现代价值,搞清传统文化与现代化的关系,辨出传统文化中哪些是可取的,哪些是应该抛弃的,哪些是与现代化可容的,哪些是与现代化冲突的,也就成了我们中国人在当今社会如何定位与传承中国传统文化的关键所在。我们在实现现代化的过程中,对中国传统文化要创造性地吸收,赋予其时代新意,而不是在其他文化的冲击下全盘抛弃,与我们优秀的传统文化渐渐越行越远。

而现实情况的发展趋势是令人担忧的,目前我国社会正经历着从传统型向现代型的转变,处在从片面的发展观向全面协调的发展观转变当中,在相当长的时期内我国在发展方面也是仅偏重经济总量的增长,忽视了政治、经济、文化的协调发展,人们的理想信念、价值观领域出现了断层:旧有的社会理想破灭了,新的社会理想还未形成;过去的价值目标抛弃了,新出现的价值目标又不能接受;原有的信仰信念坍塌了,今天的信仰信念还未支撑起来,精神王国变成了没有支柱的虚幻世界,没有做到传统与现代两种价值观念的有机融合。这种状态正如有的学者所指出的:"旧有的规范和观念已经失效,甚至是失去了自己的神圣性和权威性,新的规范和观念又尚未确立起来,于是在政治领域、经济领域和文化领域都呈现出相当的无序状态。"文化价值领域出现了传统与现代的激烈冲突,从中国传统文化的结构上寻找传统文化传承困境的根源。中国传统文化是农业文化、家族文化、礼制文化"三位一体"的"人的依赖性"文化,这与现代文化所表征的工业文化、个性文化、民主法治文化"三位一体"的"人的独立性"文化正相背,正是在这种文化范式的本质区别与对立上,中国传统文化遭遇到现代文化强有力的挑战。

从传统文化传承陷入矛盾困境的社会历史根源看,中国传统文化的现代化转型欠缺充分发展的商品经济这一经济基础、民主法治这一政治基础、科学教育的人文基础以及相对和平稳定的社会历史环境。

结合转型期的全球性问题以及我国的特殊国情,主要从以下几个社会学角度阐述我国社会转型期传统文化传承问题产生的深刻社会根源。

1.静态的社会转型原因。从行为动机、个人才智、情绪控制、互动关系和社会适应等五个人格形成的社会因素来比较传统人格和现代人格对文化的选择,形成了转型期"二元人格结构"对文化选择的冲突,导致了传统文化传承到今天失去了传承的载体。从行为动机来看,传统人格是一种价值型人格,而现代人格是一种工具型人格。所谓价值型人格,是指个人的行动取决于对某种特定的信仰和价值观念的认同,而工具型人格则是指个人的行为取决于某预先设计的自利目标。中国传统的价值型人格是家族本位和崇祖意识的产物,是长期的乡土社会造成的。儒家文化的核心就是"仁",这是一种舍己为人的利他主义精神,强调家族、集体利益的优先性,于是出现了"忠孝仁义信礼智勇",于是出现了被今人津津乐道的孔融让梨的故事,在这种道德力量的约束下,个人的行为必须以德行为先。在中国的传统文化中,见利忘义的小人一直遭人唾弃,只有在利与义面前守持道义,不为利诱所动,才能保持人格的完整性。正如论语中所讲:"君子喻于义,小人喻于利。"君子应深明大义、舍生取义,只有小人才唯利是图。在现代社会中,个人逐渐从对家族的依附关系中摆脱出来,成为利益的主体,因此个人私利也逐渐从被传统人格遗弃的角落中走出来,开始成为现代人格中的主导性动机。现代化程度越高,其对社会价值和人情关系的忽视越大。在合理合法的前提下,人们对自利目标的追求已经成为被社会认可的主要行为动机,并在社会行为中被不断地实践。但是我们还应该看到,改革开放以来,在西方工具理性的价值观念冲击下,人们把老祖宗留下的这笔宝贵精神财富当作历史垃圾一样抛弃了,人与人之间追求私利的行为愈演愈烈,甚至演变为了各种各样的社会问题。

从传统文化存在的社会组织结构来看,传统社会是以农耕为基础的自给自足的封闭型社会。在传统社会里,社会产业结构比较单一,劳动分工仅仅以性别和年龄等自然特征为基础,社会分化和专业化程度较低,作为传统社会最主要的组织形式的家庭承担着生产、生育、消费、教育、抚养、赡养等多种功能,家庭承担着传统文化传承的几乎全部的任务。在中国传统社会,家庭几乎是文化传承的唯一机构,它促进了中华文化的延续和发展,子代通过向亲代的学习,复制亲代的认知方式、情感方式、行为方式和评价方式,同时又把这一文化范型内化于自己的本质之中,使文化的发展呈现出连续性和稳定性的传承特征。在传统社会,中国传统文化的精义就渗透在家庭起居、人际交往等日常活动中,体现在父子、夫妇、兄弟之间的责任、义务与情感中,个人完全可能在毫无意识、毫不觉察的情况下习得、实践并传递文化传统。在传统社会比较封闭和相对稳定的社会结构中,文化的这种遗传性极少受到社会环境的影响,这就使得几千年来中国优秀的传统文化得以代代相传。随着社会从传统走向现代,社会分化和专业化程度越来越高,以专业分工为基础的职业组织取代家庭组织而成为现代社会的主要组织形式,传统社会中家庭所承担的多种功能分别由不同的专业化组织来分担,与传统的家庭组织相比,专业化组织能更有效地实现他们所承担的功能。尤其是教育分工的细化与教育功能的完善,传统文化的传承机构从家庭转到了学校,这使传统文化的封闭式的传承环境受到干扰,尤其是转型期社会环境的复杂变化,对传统文化的传承方式产生了极大的冲击,旧有的文化糟粕被抛弃、改造、创新的同时,我们也看到了优秀传统文化在传承中流失的现实。

在中国加入WTO迅速与世界接轨的过程中,加快经济发展无疑是中国目前最大的任务。因此我们许多社会功能都过分倾向经济增长这一重大目标,导致过分强调了经济功能的同时忽视了对文化的保护和支持力度,让那些富有浓郁民族特色的民间传统节庆内容、风俗礼仪、民族文化、中华民族始祖的祭典活动渐行渐远。现在的学校里,在对学生的智育、体育方面我们已经做得很到位,中国的学生在世界上的应试能力也堪称一流。但是在德育方面缺乏对学生传统道德的教育,我们对小学生进行的是爱国主义、共产主义的抽象教育,但是对大学生进行的却是"五讲四美,文明礼貌"的基础德育课程,这种本末倒置的教育模式使我们的优秀传统道德渐渐失去了其对国民的影响力,从现在很多年轻人身上我们已经找不到老祖宗留下的仁爱、谦虚、情操、修养了。传统美德,传统工艺,传统经典范文、诗词等中华优秀传统文化内容没有走进学校的课堂,丢到了被后人遗忘的角落,中国传统文化论坛冷冷清清。在这样忘本的情况下,我们何以在世界文化融合的洪流中、在西方以工具合理性价值体系为核心的经济、文化冲击下保全自己的东西呢?

2.动态的社会转型原因。社会转型使社会失衡严重化。社会转型是一种整体性的社会变迁,是社会结构的各构成要素分化与重组的过程。在转型过程中,社会系统的各个方面、各个部分、各个要素之间必然会存在不协调,这些不协调会使失衡在我国社会的各个领域都明显地表现出来。同时,由于转型,社会在发展过程中传统因素与现代因素之间的位置与关系远没有理顺、整合,建立在原有政治经济基础上的旧有均衡被逐步打破,和谐状态不复存在,而新的社会整合机制尚未完全建立起来,社会运行机制的调控能力弱化,社会脆性比较大,因而失衡既容易产生又容易加剧。在适应社会主义市场经济体制的新时代价值观体系尚未建立的情况下,传统的价值观体系受到很大的冲击,人们的价值观处于一个盲区,面对转型期出现的新事物,头脑中所遵从的传统价值观念出现动摇或偏差,有的价值观被摒弃,有的价值观被怀疑,而这种社会失衡的加剧会导致错误价值观的形成,在这样的观念影响下的行为方式,必然会对社会产生重大影响。同时,在各种价值观念杂然并存的状态下,社会失范行为产生,社会规范的实际控制力包括对社会整体的整合力和对社会个体的约束力相对减弱,导致社会成员思想文化领域失序现象产生,随着中国现代化的纵深发展和发达国家的"示范效应",社会大众开始逐步接受西方的价值观念和道德标准,很多人深感精神上失去"家园"并且陷入一种茫然状态,很容易抛弃以往的道德约束,置一切自律的戒条于不顾,这样便会产生各种有违传统道德的社会行为。有学者将目前人们的心态危机概括为"六大病态社会心理",其中包括:物欲化倾向——重物质、轻精神,这显然与传统道德中所宣扬的"君子重义而轻利"的思想相悖;粗俗化倾向——向原始的、本能的方向复归,这又是对传统美德中的"仁义信礼"的摒弃;冷漠化倾向——灵魂的瘫痪,这使传统道德所倡导的"爱国、孝悌、仁爱"精神在传承中遭遇尴尬;躁动化倾向——情绪化和非理性,老祖宗留给我们的"谦虚、情操、修养"的教诲已被丢得一干二净;无责任化倾向——无兴趣、无所谓、无意义,越来越多的人遭遇信仰危机;虚假化倾向——经济功利性取向,谦虚、信义概念缺失,诚信意识淡薄。

随着我国社会转型的不断深入,无论是农民还是市民,其社会交往也在经历着急剧的转型。无论是教育事业的发展,还是大众传媒的影响,其实质就是不断用新文化、新价值观取代农村传统文化价值观,从而促使农民交往观念的变化,比在传统社会中更有交往的需求,正是交往的压力带来了传统社会的土崩瓦解。当前我国农民的社会交往实现了从封闭式交往向开放式交往、从依赖性交往向自主性交往、从单一化交往向多样化交往的转变。进入转型社会以来,社会变革强有力地冲击着基于血缘关系的族内交往,使根植于农业社会、主要靠家庭为纽带来传承的传统文化受到了前所未有的冲击。

大众传播媒介在当今信息社会中形式多样并发挥着不可替代的作用。外部环境对农村的"示范效应"大多是通过大众传媒来实现的,这种"示范效应"将从根本上改变农民的交往观念、行为规则等,城市文明不断地通过大众传媒被传递到农村,促进农村的现代化。现代文明的冲击使传统的东西开始淡出一些人的头脑,同时随着大众传媒的发展,一些与我们传统道德相背离的东西,打着现代性的幌子一股脑涌进农民的头脑,使几千年来的传统道德准则很快在一些人头脑中土崩瓦解。而在当前城市中,习俗作为传统性的东西,其作用也日渐淡化,传统的伦理习俗对人们的约束力日渐减弱,或者是一些传统的文化规范在社会制度中凝聚下来,以新的正式的形式发挥其社会功能,规范着市民的社会行为。在市民社会的交往转型过程中,商品大潮的涌起,以及国门开放后所"引进"的一些腐朽的社会思潮、道德价值和生活方式,冲击着我国的传统优良美德,个人主义、享乐主义和拜金主义开始抬头,封建残余观念死灰复燃,社会道德风尚不容乐观,道德滑坡引人关注,社会颓风严重侵蚀着社会有机体。人们交往目的功利化使人与人之间情感冷漠,交往手段的间接化使心与心产生了距离,交往性质的价值理性化使人际关系变得机械而陌生。这样,在市民的私人交往中,便出现了有违道德的现象,市民心态的粗俗化、物欲化、冷漠化和躁动化表现较为突出,这些都极大地冲击着传统优良美德的传承。

三、社会转型期合理文化传承模式的建构

在发展中国家文化价值领域出现了传统与现代的激烈冲突的今天,人类面临着自身发展史上最深刻的社会转型,即文明的转型。对于正处在现代化进程中的中国,现代化进程必然受到社会转型的深刻影响和强有力的制约,其必然兼顾现代化和社会转型,文化的发展也要与社会的发展相适应,在保护好本国传统文化的同时要不断面向世界,不断充实新的养料,保持其活力,以新的文明形态作为自己的价值目标。要求文化既要对外开放,又要保持民族特色;既要继承传统精华,又要结合现实予以创新,从而使文化发展源流一体,历史与现实贯通,民族与世界对接。

(一)中国特色文化传承目标的确立

1.文化的现时代认同。文化认同,意指个体对于所属文化产生归属感,从而保持与创新自身文化的社会心理过程。文化认同包括社会价值规范认同、风俗习惯认同、语言认同、艺术认同等。文化认同是形成"自我"的过程,蒙田说过:"世界上最重要的事情就是认识自我。"自我是个体心理结构深层的构造,也是探询一种文化时所能进入的最核心的部分。我们研究文化的认同,不能狭隘地限于本民族文化的认同,鉴于当今文化的共生共存,有必要从多元文化的视角去研究和认识,这样的视角和取向已是学术界已达成

的共识。反对"普适性原则"而倡导"他者原则"和坚持"互动原则"、反对"文化霸权""种族中心"或"文化中心"而倡导多元文化。虽然我们的传统文化精华是世界文化园林中一块受世人瞩目的瑰宝,但是我们也不要躺在祖宗的功劳簿上以我为中心,坚决反对"文化中心论",有意无意的社会文化心理倾向,习惯于从传统的思维定式或文化偏见出发,认定自己的文化实践活动优越于其他文化社团或民族的文化实践活动,这都是"文化中心论"的表现,应该为我们所摒弃。对于我们传统文化传承中出现的困境和问题,我们也要坚持正确客观的看法,既不要妄自菲薄也不要麻木不仁,在文化多元发展势不可当的趋势下,实现处于主流的、中心的、西方的文化与处于非主流的、去中心的、非西方的传统文化之间的沟通与理解,需要始终采取"文化流动发展"的观点,坚持跨文化理解和对话的原则而相互宽容、取长补短。在我国的传统文化观中也有对话的深邃思想。"和而不同"就是典型的言说方式之一,"和而不同"的实质就是倡导不同文化间的对话。"和"实际上就是求同存异,而"同"则是为同而灭异。"和而不同"主张的是在尊重差异的前提下追求和谐统一。"和"的主要精神就是要协调不同,达到新的和谐统一,使各个不同事务都能得到新的发展,形成不同的新事物。这种追求新的和谐和发展的精神,为多元文化共处提供了不尽的思想源泉。我们坚持以多元文化观为文化认同的价值取向,其目的正是为了帮助人们理解自己的民族文化和享有应有的文化尊重,并在认同本民族文化的基础上,树立平等、包容、理解、尊重和珍惜其他民族的文化的意识,并从中吸取精华部分,以便获得参与未来多元文化社会所必需的价值观念、情感态度、知识与技能,有和平共处及维护文化平等和社会公平的意识和信念。

2.文化自觉的现时代要求。文化自觉是人的主体自觉性在文化发展上的表现,我们只有通过各种文化比较、鉴别、选择、融合、创新来发展先进文化。作为后起的现代化国家,如何在现代化过程中实现中华民族的伟大复兴,其中对中国文化发展方向的思索与选择更有着特殊的时代意义。

费孝通先生于1997年提出了"文化自觉"的概念,并做了认识论上的概括:所谓文化自觉,就是指生活在既定文化中的人对自己的文化有自知之明。明白它的来历、形成过程、所具有的特色和它的发展趋势,并对文化转型具有自主能力,以取得决定适应新环境、新时代的文化选择的自主地位。费孝通先生提出"文化自觉"概念可概述为"文化自觉论",是基于对"经济全球化过程中中华文化如何定位,如何发展并对人类文化有所贡献;在国际文化交流中,应当具备什么样的文化品质"两个问题提出的重大理论思想。引起了学术界、思想界和文化界对传统文化的思考,并为我们当前在文化传承过程中的发展方向和道路选择提供了理性科学的观点。例如,2002 年 12 月 17 日至 20 日,在香港地区的百位专家学者聚会上,共同探讨"文化自觉与社会发展"的问题。费孝通先生在会议致辞中指出,在信息时代到来和经济全球化步伐加快的国际环境下,各个民族、国家和地区的文化将会不断地接触交流,互相碰撞、融合。正因为如此,我们尤其要提倡"文化自觉",要清楚地认识自己的文化,认识其他的文化,只有这样,才能在多元文化的世界中共同创造人类美好的未来。香港浸会大学吴清辉认为,文化自觉是一种认知与反省的过程,是头脑中的认识与理解,心理上的认同与反思,经济全球化带来的影响远远超过经济领域,必然会体现在政治、文化领域,提倡文化自觉运动,有助于各个国家和民族对自身的文化有充分的认识,从而看到自己文化有哪些元素能为人类社会和平发展做相应的贡献。北京大学的乐戴云教授提出,必须让中国文化参与世界文化的建构,与其他文化互相沟通、互相理解,以遏制文化冲突带来的悲剧,这本身就是"文化自觉"。她还指出,"文化自觉"概念的提出"把我们过去做的、现在做的和将来要做的聚合在一起了,变成了一种力量"。在跨文化交流中,要善于用"他者"的视角来认识世界,既反对拒绝接受外来文化的"文化割据主义",同时也要反对假借诸如"人权大于主权"等各种名义推行的"文化霸权主义"。文化自觉理论要求各地区、各民族要对自己的文化有所自觉,要"自美其美",同时也要"美人之美",做到"美美与共""天下大同"。

(二)文化资本理论的本土化创新

1.文化资本理论的提出及本土化应用。在传统文化传承问题的研究上，应该把法国社会学家布尔迪厄的文化资本理论作为本小节研究的一个理论立场。文化资本理论在文化研究思路上把对文化纯主观意义的研究转向社会情境和社会研究上来。尤其是布尔迪厄的文化资本理论，通过对文化资本与政治、经济资本转化的研究，揭开了文化的"非功利性"神秘面纱。在我国目前的社会发展中，传统文化只有资本化运作，才是传统文化传承的有效途径，才能使我国历史悠久、丰富多彩的传统文化更加富有生命力，才能使传统文化获得不竭的传承动力。因此，对文化资本理论的系统化剖析与解读是十分必要的。

文化最早被视为资本，始于社会学之父孔德，他曾经在《社会整体体制》一书中指出"当人类的产出高于消费时，一部分代代积累的资本会随时空转换为耐用性资本"。在这里，他用"积累"将政治、经济学和社会学联系了起来，虽然我们在此没有看到文化资本概念的明确提出，但它却是文化资本概念的最初萌芽。到20世纪，经过法国社会学家布尔迪厄批判理论的复兴，"文化资本"受到人文科学的青睐，布尔迪厄在探讨教育再生产、文化消费、社会等级等问题时提出"文化资本"的概念，并使之不断地深化和完善。布尔迪厄在《资本的形式》一文中，通过对文化资本范畴的进一步研究，第一次完整地阐述了文化资本的基本概念，提出了自己的文化资本理论。文化资本在形式上表现为一种具体化的文化资源，本质则是人类劳动成果的一种积累。虽然文化在一定意义上被称为了资本，但布尔迪厄笔下的资本具有明显的隐喻意义。他认为，文化资本并不完全具有经济资本那样的基本特征，并不是真正意义上的资本，而只是体现了与经济资本的相似性。布尔迪厄还指出，经济与非经济空间的简单划分是不准确的，通常情况下，人们倾向于认为在经济场域中，人们的行为是追求金钱物质利益的功利性行为，而在非经济场域中，每个人的行为都是非功利性的，与经济行为形成鲜明的对比,尤其是在文化场域中,认为文化是意识形态中的非功利性神话。布尔迪厄不赞同这种简单的划分,实际的情形是,行为者在不同的场域追逐着不同的符号资本,在这一方面,所谓非利益的或者超功利的行为是不存在的。只有引进资本的所有形式,而不是只被经济理论所承认的那种形式,文化场域中的许多现象才可以得到解释。文化资本的概念之所以能够出现,文化之所以能被称为资本,是因为在文化与资本之间有着某些共有的属性和特征,从资本是积累的劳动角度看,文化来源于人类的实践,是人类智慧和劳动积累的结晶。它的传承是通过教育和学习把知识用于头脑中的劳动,是一种积累或未被消费掉的劳动。从资本能够自身增值的角度看,文化的运用过程就是精神生产过程,通过这种抽象劳动能实现价值转移,创造出新的价值,使自身增值。布尔迪厄的文化资本理论产生于法国社会现实,适用于西方社会文化发展趋势。但就目前我国的文化状态来看,正是在中国文化产业的国际市场化背景下,当前中国文化最紧迫的任务就是通过市场化运作来提高中国文化产品的欣赏度,让全世界的受众来评判这种文化产品的价值,在此基础上,艺术地而不是说教地让"中国精神"为中国和世界的观众所理解和认同。

自从文化产业战略被提出来以后,经过十余年的发展运作,中国的文化资源向文化资本转变有了良好的开端,我们用实践证明了在现代商品经济条件下,文化资源能够转变为文化资本,它的开发也需要其向文化资本转变。同时,文化资本的形成又依赖于文化资源的开发,它需要将文化资源向文化资本的转变作为其生成过程中的一种路径。但在我国文化资源向文化资本转变的过程中,在观念、程度、范围等方面都存在着缺陷,这就制约了文化市场资本效益的最大化。以往我国的文化事业和文化产业由于受传统计划经济模式和观念的影响,往往过分强调文化的社会及意识形态特征,忽视了文化的资本属性,优秀传统文化中的非正统文化精华在目前我国的社会语境下还无法转化为巨大的经济利益从而逐渐为人们所摒弃,其历史性地位逐渐被西方文化和大众商品文化所取代。从根本上讲,中国社会并不缺乏文化资本,相反,我们的传统文化资源存量相当丰富并且有其独到的魅力,中国传统文化越来越成为对全球文化市场具有强烈吸引力的战略资源。迪士尼出产的《花木兰》以中国民间题材打造美国大片;中、韩、日之间关于"端午申遗""中医申遗"以及《西游记》拍摄的各种争论都表明了我国的传统文化资源越来越成为世人瞩目的宝藏,这些都足以让我们每一个中华儿女感到骄傲和自豪,但同时我们更加感受到肩上的重任,要加大文化遗产保护的力度,同时,探索传统文化资源资本化的观念,寻求传统文化资源资本化的新路径,建立传统文化资源资本化的新机制。

所有的这些都表明,我国目前的文化资源资本产业化道路已经有了一个良好的开端,国家的高度重视和政府的有效运作,将使我国的文化资源一定能够以一个全新的姿态"走出去",传统文化资源在带来财富的同时也实现了自身的活化传承。

2.优秀传统文化资源产业化运作。随着社会文化的蓬勃发展,文化在社会经济、政治领域的地位日益突出,文化资源的产业化运作已经在全世界范围内大规模展开,而文化资本理论正为文化资源的开发和文化产业的发展提供强有力的指导。文化资源即指人们在文化生产和文化活动中所利用的,能为其带来收益并能提高文化生产力和促进文化经济发展的各种资源的总和,它包括一切有文化价值的自然资源和社会资源。文化资源活化的实质是向文化资本的转变,即利用文化资本运动和增值的属性,通过市场化运作,促进文化资源的有效开发,实现文化资源潜在经济优势向现实经济优势转化。文化资源有向文化资本转变的主观意向性。我们都知道,人类社会的文化活动即社会实践,不同于动物界的盲目生存活动,人类社会的劳动是有目的、有意识的。这种有目的、有意识的实践活动表现在文化资源的占有方面,就是人们为了使其所占有的文化资源增值,获得更大的利润,必然要将这些文化资源置于社会交换场域中,使其在市场运作中转变成文化资本,进而转换成现实的经济资本,实现对资本的有效占有,这种对经济资本有效占有的欲望越强,实现资源向资本转换的频率也就越高,从而也就加快了文化资源—文化资本—经济资本的转化过程,即文化资源的活化过程。

所谓文化产业,是以文化资源作为资本投资,以市场需求为产品向导,以文化产品服务于社会,并赢得经济效益和社会效益的一种新型行业。它是在市场经济条件下,适应经济与文化一体化的趋势而发展起来的,其兴起和发展离不开对文化资本的投资和运用。文化产业的出现使文化资本能够根据市场的需求大规模生产和复制,同时文化产业的发展也为文化资本价值的实现提供了有效保障。文化产业通过文化产品的生产,为具体文化资本的传承提供了中介,一些凝结在文学、艺术、音乐、遗址等客体中的文化资本,能够凭借其物质性方面的可传承性,将客体化形式中所蕴含的象征性文化资本一代代传承下去,文化资本正是通过文化资源的产业化运营,并借助社会的市场机制,实现自身价值和增值的。

在理清了文化资源、文化资本和文化产业三者之间的转化关系之后,我们再回过头来看传统文化产业化运作的思路。我们应该看到,目前我国已经具备了传统文化资源产业化运作的前提条件。

第三节 优秀传统文化传承困境下的当代启示

面对优秀传统文化的无动于衷、传承人才的后继乏人、文化教育的缺位、国家意志等保障体系的不完善等这些困境,使得优秀传统文化传承受阻,唯有提高传承主体——人的文化自觉才是解决当前传承困境的关键,也是推动优秀传统文化传承的关键。而当前中国正在进行中国特色社会主义建设,传承优秀传统文化最终指向必将是建设社会主义先进文化。在建设社会主义先进文化的伟大事业中实现中华优秀传统文化的传承与发展,没有前路可循,也决不能因循守旧,唯有创新,才能使优秀传统文化焕发新的生命力与活力,才能与社会主义先进文化建设目标的实现相得益彰。

一、文化自觉是推动优秀传统文化传承的关键

费孝通先生说："21世纪是一个文化自觉的世纪。"文化自觉首先是人在文化层面的自我觉醒，是人的主观能动性在文化领域的具体表现，也是人区别于动物的标志性特征，它是文化主体——人给予文化一个全面、辩证、客观的认识，并准确、清晰地把握文化未来发展趋向；文化自觉也是指宏观层面的国家、民族和政党对文化认识、把握、调控的自在自发性，其中包括：充分理解文化对推动社会进步的积极作用，主动掌握文化自身运行与发展的客观规律，积极承担推动文化发展的责任和义务；最后，文化自觉还体现为文化对自身的反思与醒悟，文化的自我调适、自我更新，这是文化发展到一定程度后达到的最高境界。

思想是行动的先导，文化自觉是文化进步与发展的思想基础，只有人们从思想上觉醒，深刻认识到文化的重要地位和重要作用，才能积极主动地投身于文化大发展大繁荣的建设中。中华民族是一个有着文化自觉、文化担当的民族。无论是在先秦时期文化的孕育发展，还是到了春秋战国时期的诸子百家争鸣，从两汉经学的深度发展到两宋理学的时兴，即使在面对西方外敌入侵时，中国人民在辛亥革命、五四运动中依旧展现出民族特有的深刻文化自觉。到了中华人民共和国成立，以及改革开放后20世纪80—90年代的"文化热"，都充分体现了中国人典型的文化自觉和文化担当。

另外，文化自觉能够进一步增强文化主体对传统文化认识与理解的主动性，提升文化主体的文化归属感和荣誉感。文化自觉的激发和提升能够使国人进一步增强对传统文化的认知，提升自己对国家、民族的认同，不断增强优秀传统文化的影响力和凝聚力，有效地分清本国和异域，本民族和外族的文化，在对中华优秀传统文化的深刻理解和感知中把握传统文化前行的规律与方向。

文化自觉的提升还能够有力地抵御西方各种文化的冲击。文化自觉产生于对民族文化的深刻认识，一方面要反思几千年来优秀传统文化发展的

模式,总结百年来中华优秀传统文化传承建设的成败得失,另一方面还要妥善解决优秀传统文化与现代文化,民族文化与西方文化冲突时所产生的一系列客观现实性问题。因此通过文化自觉,可以让我们提高对文化冲突的认识,提高对文化冲突危机感的认识,让国人及时辨清文化冲突中所产生的各种文化思想观点,打破和消解文化选择时的迷茫和困惑,还原优秀传统文化,解开西方现代文化的神秘面纱,看清其本质。最后重塑文化自信,提升自觉能动性,积极主动担当传承优秀传统文化的重担。

文化自觉还能积极有效地解决优秀传统文化传承中面临的各种困境和难题。国人文化自觉的提升,主观能动性的增强,将使国人"传承意识"觉醒,越来越多的人认识到传统文化传承的重要性,因此将会有越来越多的国人积极主动参与优秀传统文化的传承,届时必将刺激国人进一步接受优秀传统文化教育,教育体系也能得到逐步成熟和完善,国民文化想象力和创造力也会被极大地激发起来,越来越多的文化传承方式将会被发现与创造,选择也更加丰富多彩。

因此,在优秀传统文化传承中,文化自觉是关键性的因素,只有增强文化学习的自觉,传播的自觉,保护的自觉和传承的自觉,才能不断推进优秀传统文化的传承。

二、建设社会主义先进文化是传承优秀传统文化的根本目标

优秀传统文化传承的最终目标是为了实现人自身全面、自由地发展,同时又与中国特色社会主义的伟大实践相衔接,因此优秀传统文化传承应当更好地契合时代主题和最终目标。文化层面上要实现人的全面、自由发展和中国特色社会主义建设的伟大实践二者的有机统一,关键在于建设社会主义先进文化。因为社会主义先进文化符合中国当前建设中国特色社会主义的具体实践,也代表了人类文化发展的终极目标和价值取向。

首先,社会主义先进文化是符合人的全面、自由发展的终极目标的。先进文化意味着文化的科学性、合理性、包容性、开放性、大众性、时代性、民族

性和积极性,它来源于优秀文化,但是更高于优秀文化。

其次,建设社会主义先进文化离不开优秀传统文化的滋养与哺育。优秀传统文化是一个民族的血脉和基因,是民族生命力和凝聚力的集中体现。在中国当前,建设社会主义先进文化离不开优秀传统文化沃土的哺育。因此社会主义先进文化必然以优秀传统文化为基础,建设社会主义先进文化必须牢牢地植根于历史文化的沃土上。直至今天,中华优秀传统文化依旧是中华民族儿女的重要精神食粮,是中华民族儿女奋勇向前的精神动力。例如,优秀传统文化中"天行健,君子以自强不息"的"刚健自强"精神,"地势坤,君子以厚德载物"的宽容精神,"天命靡常""慎终于始""以民为监"的忧患意识,这些都是中华民族精神的象征,深入人心,为全社会所接受,一直延续至今,并对广大民众产生了强烈的激励作用;"天下为公""执政为民""民为邦本""为政以德"的执政理念为共产党治国理政提供丰富的思想营养;养老尊贤、俊杰在位、和谐有序的伦理关系,处世以诚、待人以敬的处事原则,童蒙养正、培根固本、教子以德的社会伦理思想为解决当下民众面临的难题提供重要启示。因此,传承中华优秀传统文化,培育和弘扬优秀思想,对于增强民族文化特色,树立全民族文化自觉有很大帮助。中华优秀传统文化是社会主义先进文化建设成败的关键,是社会主义先进文化生命力旺盛发展的土壤,我们只有传承好发展好优秀传统文化,才能实现文化的现代转型,才能在建设社会主义先进文化的实践中实现人的全面、自由发展与建设中国特色社会主义有机统一。建设社会主义先进文化只有在继承优秀传统文化的基础上才能开创出文化建设一片新的天地。在传承优秀传统文化的基础上,充分吸收其他民族文化优秀合理的内容,批判性地选择和吸收人类创造的全部优秀文化成果。如果离开中华优秀传统文化,社会主义先进文化就会成为无源之水、无本之木。

社会主义先进文化揭示了人类社会发展的普遍规律,为中国人民提供了新的思想境界、更加高尚的道德情操、更加充实的人生理想,是当前文化建设的方向。只有坚持以社会主义先进文化为方向,才能使优秀传统文化不断丰富、完善、更新，破除因循守旧、故步自封的发展模式，赋予优秀传统文化时代气息，才能推陈出新，产生新思想和新精神，实现优秀传统文化在当代中国创造性转化，才能使优秀传统文化不断为广大人民群众所接受，不断提高人民群众的文化自信和文化自觉，不断创造符合当代精神和时代潮流的先进文化。使优秀传统文化以博大的心胸、宏大的气魄，带领人们走向更加幸福光明的未来。

三、创新是传承优秀传统文化的灵魂

"尊新必威，守旧必亡"，创新是人类社会发展进步的动力推进器，是一个民族生生不息永不止步的灵魂，也是民族文化不断繁衍发展繁荣的内核。所以传承优秀传统文化离不开创新。从哲学层面理解，如果说优秀传统文化的传承是对民族文化内容中积极因素的肯定，那么创新就是对民族文化内容进行否定之否定；前者是文化发展的量变，后者是文化发展的质变；前者是文化发展在时间横向轴上连续性的体现，后者则是展现了文化发展空间上的阶段性。"文化创新不仅是指文化内容的激活，更是指整个系统模式的革命和转型。它是原有价值体系、心理定式、思维方式的解构，也是新的观念、思想、规则的建构；是传统惯性的消解，也是传统精华的重铸；是社会生活的变革，也是人身心的新生。"这是文化向本质回归的历史必然。

推进文化发展，基础在继承，关键在创新。继承和创新，是一个民族文化生生不息的两个重要轮子。创新是中华优秀传统文化传承过程中时间累积和过程突变的有机统一。中华民族自古以来就是一个富有"日新之谓盛德"的民族，中华五千年文化绵延至今，生生不息，不断壮大，历经几千年洗礼，博大精深的优秀传统文化正是在创新中不断向前发展。例如，在春秋战国时期，由于生产力的迅速发展，社会动荡不安，在客观上促进了思想文化领域的百家争鸣的盛况。但是面对当今西方文化的冲击，传统文化中旧的文化形象、旧的文化理念已经无法适应当代社会的发展，只有通过创新，才能建设具有中国特色、中国风格、中国气派的社会主义新文化。

中华人民共和国优秀传统文化的传承首先是基于一定历史条件,基于中国建设和发展的具体实践中进行的。今天,我们已经不可避免地被卷入全球化的浪潮中,这是一个挑战与机遇并存的时代。全球化使得我们每个人的生活发生了翻天覆地的变化,影响我们每个民族、每个人交往相处的方法和原则。当全球化广泛来袭时,世界上已经没有哪个国家拥有现成理论、思想和方法能够有效解决我们当前遇到的各种政治、经济和文化问题,所以如何有效应对全球化的冲击,自发自觉地在全球化的背景中实现优秀传统文化传承,实现建设社会主义先进文化的目标,这就需要我们在优秀传统文化传承的过程中运用突破常规的方式,创新性地发现传承中存在的问题,独创性地解决问题。因为全球化背景下,当今世界各个国家的竞争,最重要、最关键的决定要素就是创新能力。只有拥有创新思想、创新精神和创新能力的人,只有拥有创新体制、创新氛围的民族才能在国际竞争中不断取得胜利。在全球化的语境下,优秀传统文化面对时代发展需求,必须跟上时代发展步伐,融入现代社会中优秀的科学理性思维、民主意识、法治思想、市场竞争意识、公平公正意识等新理念,实现优秀传统文化向现代化的转型,我们只有自觉地把思想认识从那些不合时宜的观念、做法和体制的束缚中解放出来,从主观主义和形而上学的桎梏中解放出来,文化创新才有可能实现。所以,我们在保护和传承优秀传统文化的同时,亟待创新优秀传统文化,站在世界的高度,着眼于人的全面发展的角度,采取多元化的视角,使优秀传统文化不断焕发新的生机和活力。

文化自觉是进行一切文化创新的前提,只有自发自觉的文化创新才能促进文化传承与发展。因此我们必须增强自身的主观能动性,主动作为,积极作为,激发自身创造力,总结历史上各种经验教训,突破封建落后思想的束缚,打破一切封建残余思想阻碍,跳出一切教条主义、本本主义的思想桎梏,必须秉持怀疑精神、批判精神、反思精神和笃行精神,对文化进行理论创新、体制创新、内容创新和传承手段创新,最终实现传统文化传承的再发现与创造。

黑格尔说得好："传统并不是一尊不动的石像，而是生命洋溢的，有如一道洪流，离开它的源头愈远，它就膨胀得愈大。"优秀传统文化传承的创新对于正在从传统走向现代化、全球化的中国来说尤显重要。我们要把对优秀传统文化的传承创新提高到中华民族在全球化竞争中的成功与否的角度上来看待。因为，只有创新才能维系我们民族世代传承的精魂，只有创新才能带领整个民族走向更加光明的明天，唯有创新才能使中华民族的文化永葆生机。"创新是一个民族进步的灵魂，是一个国家兴旺发达的不竭动力。"

总之，在全球化的时代语境下，我们要充分尊重文化自身的发展规律，不断创新优秀传统文化的价值观、内容、形式和传播载体，有效传承中华优秀传统文化，最后实现社会主义先进文化的目标。

第四节 优秀传统文化传承机制研究

中华人民共和国成立以后，尤其是改革开放以来，我国优秀传统文化在教育、弘扬和传播方面取得了不俗的成绩，也积累了很多经验，在探索文化传承机制方面也取得了一定进展。

一、基本形成了由党和政府为主导的领导机制

中国共产党是中国建设一切事业的领导核心，传统文化建设更是离不开我们党和政府的组织领导。在党的正确领导和科学部署下，我国的传统文化事业取得了巨大成就。各级各部门在党中央集中统一领导下，协调配合，经过这些年的探索和研究，基本形成了一套完整的文化建设工作机制，有效地指导着我国的文化事业建设，我国也正朝着文化强国的目标不断前进。

二、初步形成优秀传统文化的传播机制

中华人民共和国成立以后我国采取了各种措施和方法来传播传统文化，

现在已经拥有多样的传承、传播方式,除了相关的书籍等文字记载以外,还有配以图像、声音和艺术等多种形式。学校通过各种形式来宣传传统文化,教育下一代的青少年,但主要以传统的灌输为主。

随着科学技术的不断进步,计算机、电视机、电脑和手机的普及程度不断提高,文化的传播手段更加丰富。现在许多网站有专门介绍传统文化的栏目,手机也可以通过网络获取相关传统文化方面的信息。电视更是眼花缭乱,如中央十套的《百家讲坛》栏目就是一档宣传中华优秀传统文化的节目,受到大家的一致赞誉,激起收视高峰,引起了讨论热潮。

三、初步形成了优秀传统文化的教育机制

优秀传统文化的教育主要是针对青少年来说的,他们是国家和民族的希望和未来。优秀传统文化教育要从娃娃抓起。首先体现在学校教育方面,很多学校在小学就开设了思想品德课程,内容大多是古代优秀的思想道德规范,使孩子们从小就接受传统文化的熏陶。教育的方式也是灵活多样的,除了一般的教授课本上的东西以外,还有其他的类似诗歌朗诵、传统文化知识竞赛与演讲、参观名胜古迹等方式来传播我国优秀传统文化,教育下一代。

另外,家庭教育也起到了很好的作用。父母长辈从小就会通过一些小寓言、故事来教育子女尊老爱幼,孝敬父母,兄友弟恭等,使孩子自觉地受到了传统文化的陶冶,有利于养成良好的品德和性格。

正是经过这些年来的艰苦探索和积极工作,才使得我国的优秀传统文化建设不断复苏并取得了重大进展。

第一,弘扬和普及优秀传统文化使国民的素质、素养得到很大程度的提高。[①]近些年来,虽然我国的国力不断增强,但国内的各种社会矛盾也频频发生,迫切需要进行思想上的引导。最近几年在国内掀起了一股国学热,如媒体方面,央视《百家讲坛》开办有关传统文化内容的讲座,唤起了民众了解

①孔磊.弘扬优秀传统文化 提高国民素质[J].湖北经济学院学报:人文社会科学版,2016,13(11):2.

历史和传统文化的热情。"国学热"因此也可以被认为是"传统文化热",新加坡的报纸曾经载文认为,在中国经济崛起之际,"格物、致知、诚意、正心、修身、齐家、治国、平天下"这些中国传统文化的精髓有利于缓解拜金主义、诚信缺失等社会病,使中国走向更高的文明关口。"国学热"通过倡导、学习中华优秀传统文化,提升了国民文化素养,对民众尤其是青年和学生起到了积极作用,树立做人标准,培养爱国、爱家、孝道等传统精神素养。

第二,弘扬和普及优秀传统文化增强了民族凝聚力和爱国主义情操。中华民族是一个具有强大凝聚力和向心力的民族,这很大程度上源于中华民族对传统文化的高度认同,而基于这种认同而产生的精神动力生生不息。民族凝聚力把广大中华儿女紧紧地联系在一起建设中华民族共有的精神家园,同心同德,随时为民族整体利益献身,升华为爱国主义精神,并深深融入中国传统文化的血液之中。归宗炎黄,凝聚华夏,"国家兴亡,匹夫有责",爱国爱乡,落叶归根等,构成了爱国主义的传统精神。

通过中华优秀传统文化的教育和熏陶,我国的民族凝聚力和爱国主义情操日益增强。中华人民共和国成立以前,各民族间一片散沙,现在却已是空前的民族大团结。

第三,弘扬和普及优秀传统文化使我国的文化软实力不断增强。从亨廷顿的"文明的冲突",再到约瑟夫·奈的"软实力",文化已经在国际角力中处于醒目位置,其地位正在继续上升。文化是软实力的重要源泉,而且软实力已经成为衡量一个国家综合国力的重要因素。罗素认为:"一个国家,一个民族,如果没有自己的精神支柱,就等于没有灵魂,就会失去生命力和凝聚力。"而文化是一个民族的根本,没有文化作支撑和铺垫,民族就不可能复兴、发达。

举例说明,美国文化目前已成为全世界的文化,充斥全世界的各个角落。据统计,美国的文化产业占其GDP的近四分之一,美国的电影、流行音乐、快餐、时装等布满全球,不断向其他国家渗透,输出自身的文化和价值观,影响他国的生活生产方式,以便更好地控制、称霸全球。鉴于此,为提高我国的文化软实力,中国政府采取了一系列措施来推广、传播中华优秀传统文化,积极开展对外文化交流,深化对外文化合作,取得了一定成果。首先是通过举办奥运会向世界人民展示了新时期中国的新形象,让世界对中国有了新的认识和评价,一个自信而又谦逊的大国已经屹立于世界的东方;其次,通过开展中国文化年活动,让当地的老百姓有机会近距离地了解中国传统文化的魅力和东方古国的神韵,促进了中国文化在世界各地传播;最后,随着"汉语热"的兴起,各国纷纷建立起了"孔子学院",成了连接中国与世界的友谊的桥梁,成为世界友人了解中国、理解中国的重要途径,使许多外国人慕名中国悠久、灿烂的传统文化,向世界宣传了中国,并对外树立了良好的国际形象,对传播中华古老文明和增强国家间的互相信任与理解起到了积极作用。中国特色的传统文化走向世界,让更多的国家和人民了解并喜爱中国文化,提升中国文化对世界的影响力,增强了我国的文化软实力。

第四章 优秀传统文化的传承路径

第一节 完善我国历史传统文化传承机制

一、我国历史传统文化传承机制现状分析

（一）目前传统文化传承存在的问题及原因

近些年来我国在弘扬优秀传统文化,探索优秀传统文化传承路径上取得了很大的进展,涌现出了一大批优秀文化、文艺作品,成就辉煌。[1]但是,我们也应该看到,中华优秀传统文化在传承过程中面临着不少问题和缺陷,严重影响着我国传统文化的健康发展和传播。

建设优秀传统文化传承体系是一项系统工程,需要从不同方面进行努力。[2]我们要全面认识传统文化,取其精华、去其糟粕;应该强化对优秀传统文化书籍的整理和出版,使传统文化典籍数字化、规范化、标准化,同时加大对少数民族特色文化进一步发掘的力度,做好非物质文化遗产的保护工作,等等。在建设优秀传统文化传承体系和传承机制方面,我们还有许多问题有待解决。

---

[1]孟笑妍. 探析我国在走向现代化进程中对优秀传统文化传承和弘扬的必要性[J]. 理论观察,2020(11):126—128.

[2]董成雄. 中华优秀传统文化的历史诠释与现代传承[J]. 西安交通大学学报:社会科学版,2018,38(4):8.

首先,尚未完善相关传统文化保护的法律、法规和政策保护措施。随着时代的发展和进步,尤其是在经济全球化和世界一体化的日益加深,以及社会主义市场经济体系的不断健全和完善下,使得人们的生活方式发生了翻天覆地的变化,科学技术飞速发展,新型的产业和文化形式层出不穷,持续不断地冲击着传统文化,致使我国的优秀传统文化发展面临着巨大压力,甚至面临失传和消失的境地。加上缺少相关法律和政策的支持和保护,一些传统的民间技艺和文化艺术形式等非物质文化遗产正在不断从人们的视野中消失,一些传统节日和传统民俗文化也日益淡出人们的视线,人们对其保护的重要性认识不足,保护意识有待进一步提高。

同时,对文化的知识产权保护不够重视,致使一些我国传统文化精华被他国"窃取"。2005年,我国最重要的传统节日之一的"端午节"被韩国申报为联合国非物质文化遗产,深深刺痛了国人的民族自尊心,还有很多在中国已经不被重视的传统文化形式和内容,在韩国却得到了很好的保护和传播。这些都说明我国在保护传统文化方面,措施还不到位,相关法律法规不够完善。主要表现在以下几点:第一,就是我们关于文化立法的观念性、理念性有待提高。我国目前现有的关于文化和文化业的相关法律和规章制度还没有完全摆脱计划经济的束缚,过于强调处罚和义务,而忽略了文化经营者和相关主体应该享有的权利,缺乏为他们服务的观念,保障意识也急需提高;第二,我国关于文化的立法跟不上文化和时代发展的脚步,涉及的领域也不够宽泛,还有许多空白点。随着改革开放和市场经济的不断发展,文化产业在我国不断发展壮大,与科学技术结合进行创新和更新换代的频率不断加快,呈现跳跃式的发展,出现了很多新兴文化产业和文化产品,新的问题也就迎面而来,这就需要相应地建立新的法律、法规和文化制度来进行管理和约束,或者已有的法律和相关规定已经不适应现阶段的需要了,关于文化业的立法明显滞后,甚至面临法律盲点和空白,极大地阻碍了我国文化建设的健康发展;第三,就是我国关于文化的立法质量、水平和层次比较低。现行的有关文化的法律、法规大部分都是部门的规章制度,高层次的文化立法还比较稀少，像全国人大这种级别的立法更是少之又少。即使现在已经有人提出了文化立法并将有的法律提上议程，但是进度缓慢，迟迟没有落实和兑现，这就对我国文化产业的发展带来不利影响；第四，我国的文化立法具体的操作难度比较大，并且实际质量还不高。各种法律和规定互相交织，难以明确和解释，还没有形成完整的体系，实际操作起来效果可想而知了；第五，需要指出的是，我国关于文化立法还需要借鉴国外的先进理念，经济全球化和我国对外开放的程度日益加深，我国除根据国内的实际情况和需要之外，还要着眼世界，引领潮流，与WTO接轨，建立和完善与国际社会相符合的文化立法程序，促进我国文化产业不断发展，走向世界。

其次，没有完善的传统文化传承工作机制和管理机制。没有完善的工作机制和管理机制，文化传承就没有办法系统、有效地开展。在市场经济不断发展的今天，文化也变得越来越离不开市场。由于缺乏系统的工作机制和有效管理，文化市场秩序混乱，参差不齐。一些文化企业和文化集团为了追求片面的眼前利益，使其过于商业化，完全不顾社会效益，一些传统文化形式和产品，被商家拿来炒作，变成了他们盈利的工具，使传统文化变了味，低俗化。正所谓"文化搭台，经济唱戏"，一切为了金钱，致使传统文化庸俗化。上述这些现象都需要相关部门进行干预，甚至控制，加强管理力度，完善目前的工作机制。

最后，宣传和传播机制不健全，文化的传播品位不断下降。在市场经济的今天，文化的商业化不断加深，加上没有相关文化传播机制的制约和管理，致使一些文化产品的宣传变成了相关人员和部门企业的赚钱工具，严重偏离了注重社会效益的原则和传播优秀传统文化的责任，过度迎合市场，传播过程中文化品位不断下降。一些主流电视媒体，忘记了自己的文化身份，缺乏文化自觉，不能推动文化内容形式、体制机制、传播手段的创新。比如，电视节目单纯追求收视率、报刊书籍盲目追求发行量、名著改编沦为"戏说"等，致使文化品质急剧下降，甚至沦为精神毒药。一些网络和媒体在传播过程中，不惜传播低劣内容，曝光名人隐私，热衷于恶意炒作。

所以说,优秀传统文化的传播必须配以健全的传播工作机制来制约和管理文化传播主体,引导正确的传播形式、内容以及手段。[1]加强和改进新闻舆论工作,把握正确的政治导向、价值导向和稳定导向,创新宣传工作,加强宣传工作的宏观管理和服务,加强和改进舆论监督。另外,真正以弘扬、传播中华优秀传统文化为己任的文化、传媒、娱乐公司,都不能忘记自身所承担的社会责任,追求高雅文化,提高传播品位,自觉抵制低俗、庸俗、媚俗的文化。

(二)经不住外来文化对传统文化的冲击

在经济全球化不断加深的今天,西方资本主义文化的不断入侵,已经严重地威胁到我国优秀传统文化的生存和发展。

首先,人们的思想观念备受冲击,造成文化认同困境,生活方式西化。文化是在一个特定群体或社会的生活中形成、并为其成员所共有的生存方式的总和。按照这一定义,一个民族的文化集中体现于该民族的生活方式,其中不仅包括价值观、行为准则、生活态度这类非物质形式,也包括了各种体现这些非物质文化意义的物质表现形式。西方国家凭借着其经济和科技优势,大力进行文化输出,竭力传播西方价值观和生活方式,搞文化霸权,使其文化在我国不断蔓延、渗透,一些人尤其是青少年在西方文化的侵蚀下,自觉地接受并张扬西方文化,从而造成了对我国传统文化的冷落和遗弃,造成传统文化生存危机。

其次,在西方文化的不断冲击下,我国的传统节日越来越不受重视,人们变得热衷于过西方的圣诞节、情人节等,中国的春节、清明节、中秋节等传统节日已变得不再那么重要,然而,我们的优秀传统文化和传统节日在韩国却十分地受重视,传统文化礼仪等在韩国依然重要,甚至端午节也被韩国人拿到联合国申请了非物质文化遗产,让我们感到痛心的同时,也警示国人,我们的优秀传统文化保护和传承工作势在必行。

---

[1]杨果,罗苗苗.中华优秀传统文化网络化传播复合型主体的协同联动[J].当代教育理论与实践,2021,13(2):97—102.

（三）传统文化传承存在问题的原因

造成上述问题的主要原因有两方面，首先，就是我国对弘扬优秀传统文化的重视力度不够，优秀传统文化的宣传没有做到位，过分地强调经济建设，而忽略了文化领域的发展，对传统文化的保护不够，造成传统文化传承的危机和断层；其次，是改革开放以后，西方文化大规模进入我国，对我国原有的文化体系和形式造成了巨大的冲击，新时期的年轻人受到西方文化的侵蚀，对待我国传统文化的态度也已日渐冷漠，使得我国传统文化的地位和发展变得异常尴尬和举步维艰。

二、完善我国历史传统文化传承机制的途径研究

（一）建立政府主导下的利益导向机制

1.完善传统文化管理制度，加强政府倡导。优秀传统文化的传承，离不开政府部门的大力支持和管理。政府要建立权威的传统文化管理制度，就要不断强化管理，进行有效的组织和有力领导，把相关工作落到实处，切实履行职责，突出传统文化建设的重要作用。各级各部门应该把这项工作纳入日常工作日程，做好协调和统筹工作，加大宣传力度，制定相关有利于传统文化发展的法律和规章制度，完善政策利益导向机制。同时，要做好责任分工，明确责任，一定要确保各项传统文化建设工作落到实处。另外，建立监督、检查和预警机制，强化奖惩措施和力度，要始终明确传统文化建设各项工作的进展情况，层层分解，层层把关，完善具体的奖惩方法、业绩考核机制，把传统文化建设和发展纳入领导班子年终考核体系之中，并作为一项衡量领导班子成员相关业绩的主要内容来抓。使各级各部门的积极性能够最大限度地被调动起来，共同投身到传统文化建设的大潮中。

还要不断强调建立健全党政统一管理、组织协调、分工负责的工作机制的重要性，争取形成全党全社会齐抓共管、积极参与的良好工作局面，完善传统文化建设的相关目标责任管理制度，出台具体的工作细则和日常考评

办法,加大对传统文化建设进程的监督和考核力度,讲究实效,确保完成党的传统文化建设的各项工作目标。把握传统文化发展的新脉搏,研究传统文化宣传工作的新特点和新规律,并制定新的行之有效的工作办法,切实解决传统文化建设和发展过程中所面临的新问题、新困难。把加强传统文化建设、弘扬优秀传统文化与经济、政治、社会各领域工作一同研究部署、一同组织实施、一同督促检查。

2.健全传统文化建设工作机制,加强部门协作。建立和完善传统文化工作机制,是实现文化兴国,推进文化大发展、大繁荣,传承优秀传统文化的重要保障。要从继承和创新相结合的角度,加强党和政府的统一部署和领导,各级各部门齐抓共管,互相协调分工,各尽其职、各负其责,从思想上重视传统文化建设,将全社会、全国的力量拧成一股绳、合成一股劲,形成全民参与的工作局面,激发各阶层参与传统文化建设的热情。要根据传统文化发展的具体内在要求来稳步推进传统文化建设工作机制的发展和完善,同心同德、齐心协力共同把我国的传统文化建设推向新高潮。

(二)切实完善相关的政策保障机制

建立健全优秀传统文化的传承机制,相关的政策法律保障要先行,我们的传统文化传承不仅需要我们个人的重视,还需要国家配以完善的法律和政策来保障实施,为传统文化的不断传播保驾护航。这就需要我们充分发挥主观能动性,制定文化管理政策,科学地管理和开发文化资源,勇于创新,建设一套完整的、科学的传统文化保障体系。

1.加大投入力度和政策扶持力度。优秀传统文化建设是个系统的工程,需要相关资金投入来支撑,没有资金投入,传统文化建设将寸步难行。我们应该为长远考虑,为子孙后代和国家、民族的兴衰考虑,加大投入力度,合理规划资金的使用支出,完善相关财政和政策保障机制。引导各项资金向传统文化事业和传统文化领域流动,积极拓宽资金来源渠道,提高文化事业的财政支出比重。加大对传统文化产业在土地、财税、价格和投资等方面的扶持、奖励力度,设立专项资金,合理安排年度预算计划,切实保障好传统文化建设的顺利进行。同时,加大对个体企业和其他社会组织投身传统文化建设的鼓励和支持力度,千方百计地筹措资金用以支持传统文化建设领域,加强传统文化政策的开发与创新建设,积极开展传承体系建设。充分发挥政府职能,从宏观上引导,从微观上调节,利用一切手段和方法为传统文化建设铺路、搭建平台,加强国际合作,主动参与国际竞争,保护好弱势企业,防止受到过分的冲击,为其营造良好的政策环境和氛围,从根本上创造有利于传统文化发展的宽松环境。

2.加强基层文化人才队伍建设。传统文化人才的培养与开发与传统文化产业发展相互影响、相互促进。[①]应把加强人才队伍建设作为重中之重,发展、壮大传统文化事业,需要大批的专业人才,紧紧围绕文化体制改革加大人才培养力度,完善人才培养体系,做好人才后期培训,把文化人才的培养纳入传统文化建设的体系之中,作为一项经常性工作来抓,牢固树立"人才是第一资源"的观念,加快人才引进和保障措施建设,合理规划,科学编制,积极引导具有高水平文化知识的人才走出城市,进入城乡,扎根基层、服务基层,树立服务基层、面向基层的价值观、世界观和人生观。党和政府应该把文化人才的开发作为重点来抓,着力培养一批有实力的文化企业家。完善人才培养的工作、政策机制建设,为文化人才创造良好的工作环境,使人才队伍不断壮大,传统文化创新和创造力得到最大限度的发挥。

加快传统文化产业发展创新,要紧紧依靠专业的文化人才,特别是具有全面的综合素质的高端人才。但是我国这方面的人才还比较匮乏,人才需求与传统文化建设失衡,传统文化人才素质普遍不高。国家必须要加强人才队伍建设,完善政策利益导向措施,面向社会、面向市场,树立传统文化创新离不开优秀文化建设人才的理念,狠抓落实,建成科学的选才用才体系。

3.鼓励各地开展地方特色文化事业。文化是地理环境、社会形态和生产方式等相互作用的产物,它的生成和发展无不带上地方特有的传统引证。

①蒋珍莲.论民族教育政策与民族传统文化的协同生成[J].民族教育研究,2018(4):6.

文化积累越浓厚,地方特色越久、越鲜明、越独特。我国优秀的传统文化是由各个民族、各地方特色的文化组合而成的,鼓励不同地方和民族开展特色文化是传承传统文化的重要内容和方式之一。

充分认识少数民族优秀文化对于整个中华优秀传统文化的重要作用和意义,是繁荣少数民族文化的思想前提。在建设少数民族传统文化的过程中,要时刻保持头脑清醒,要有强大的历史使命感和责任感,切实增强为民族地区服务的本领,贯彻和落实科学发展观,满足少数民族群众基本的文化权益和需要。把繁荣少数民族文化这个任务放到战略性高度,加强对各少数民族传统文化的进一步挖掘和保护,做好文物以及非物质文化遗产保护工作,做好文化典籍的整理和出版工作。同时要求我们实事求是,一切从实际出发,根据不同地区的不同情况,包括经济社会发展水平、民族风俗习惯等,因地制宜。完善民族地区传统文化保护的各项规章制度,实行特殊的优惠政策对民族地区进行照顾。进一步发掘不同地区的特色传统文化的深刻内涵和宝贵价值,实现民族地区传统文化的不断繁荣和发展。为民族地区文化的发展添砖加瓦,最终实现党的民族政策和文化建设目标。近些年来,国家出台了一系列优惠政策,颁布了一系列的法律法规,切实加强了对民族地区传统文化的保护工作。2011 年之后,国家还先后批准成立了至少 5 个少数民族文化生态保护区,如我们熟知的热贡文化、云南大理文化都在其中。这充分表明了我国对少数民族传统文化的保护在不断加强,少数民族的传统文化越来越受到重视。

(三)以产业化之路推进文化传承机制创新建设

"文化产业化"一词最早是由法兰克福学派的阿多诺和霍克海默提出的,1947 年出版的《启蒙辩证法》一书中,他们首次提出了"文化工业"的概念,他们认为,工厂运用现代化的科学技术,生产出来大量集约化、规模化和市场化的文化产品。这些文化产品通过大众媒体,如电影、电视、广播、报纸、杂志等传播给民众,也就是文化产品的消费者。所以说,文化产业化就是指将文化业进行集约化、规模化和市场化发展,以便创造出符合社会和大众需要的文化产品。

在当今这个社会,科学技术突飞猛进,经济社会不断转型、变革,人民的生活日益丰富多彩,对文化产品的要求也就愈来愈高。要推动传统文化建设不断前进,满足人民的文化需求,就要走文化产业化的道路,要推动文化产业跨越式发展,就必须构建现代文化产业体系,需要我们不断创新传统文化产业的生产方式。传统文化发展的根本动力在于改革创新,改革是促使传统文化建设不断前进的必由之路,创新则是文化发展的制胜之道。我们要抓住机遇,进一步探索文化改革的新思路,以改革盘活存量资源,以创新增强发展活力。要继续深化文化体制改革,推进国有文化单位改革,加快经营性文化单位企业制改革,正确引导社会资本、非公有制文化企业以多种方式参与国有经营性文化单位的改制,促进文化生产要素和社会资源、力量向文化产业聚集,促使传统文化产业不断壮大、做强,形成规模。

(四)完善依托现代传媒技术的传播机制

文化的发展就是一个传播的过程,一个民族的文化影响力,取决于其包含的思想内容和其所具备的传播能力。[①]文化传播能力越强大,其文化覆盖的范围就越宽广,思想文化和价值观念就能在全世界范围内得到广泛传播,也就必然更有力地影响这个世界。建立健全现代化的传统文化传播体系,形成覆盖范围广、传播技术发达的现代化的传播机制,这是提高我国优秀传统文化在世界上的影响力的重要举措和必然出路,所以就要求我们加强对相关报纸杂志、出版社以及广播电台和电视台的管理,深化传统文化传播媒体的机制改革和创新,加强国际传播能力建设,打造国际一流媒体。近年来,我国文化宣传部门大力加强了传播能力建设,统筹报刊、通讯社、广播电视,以及互联网和出版社等多种媒体,统筹有线、无线、卫星等技术手段,加快现代化文化传播体系建设的步伐,积极拓宽文化信息传播渠道,丰富传播

---

① 刘滢. 中国核心术语跨文化传播的思想性、技术性与艺术性[J]. 对外传播,2022(9):31—35.

手段,成立专业的传播队伍,汇聚专业文化传播人才,凝聚力量为传统文化的传播贡献力量。但是,由于我国目前正处于经济社会飞速发展时期,人民群众的文化、精神需求在不断增长,与此相比我们的传播体系还略显单薄,传播技术和传播能力与世界先进国家还有一定差距。在今后的工作中,我们要努力发展具有高科技含量的传播技术,使其与我国经济社会的发展相适应,与人民群众的需要相适应。这项工作任重道远,需要付出相当的智慧和汗水。

第二节 优秀传统文化传承与发展的对策

在继承和发展传统文化的实践中,坚持正确的传承原则只是做好传承工作必不可少的前提,要使传承工作落到实处,卓有成效,还必须通过政府主导和社会参与的模式,采取合理有效的保护方法和措施。传统文化保护工作不仅是单个群体和个人权益的实现,更是政府行使公共文化服务职能的重要体现,是社会公益文化事业的重要组成部分。中华大地悠久的历史和深厚的文化底蕴形成的传统文化遗产,是延续中华文化的命脉。因此,应按照科学发展观的要求,采取多样化的方法和手段,构建起有效的传统文化传承体系。

一、长效机制的建立

所谓长效机制,即能长期保证制度正常运行并发挥预期功能的制度体系。为了传统文化的继承和发展,各级政府必须制定相关的政策与法规,为传统文化的继承和发展提供制度上的保障。通过传承传统文化的长效机制保证传统文化在当下西方强势文化和现代多元价值观的冲击中,在急功近利的经济效益诉求下,冲破自身本体农耕性的束缚,摆脱商业附庸性,从而保持传统文化的纯度。该长效机制突出各级政府在传统文化传承主体中的主导作用。政府是建立这一长效机制不可或缺的领导者、策划者、组织者和协调者。为确保传统文化传承工程的顺利进行，各级政府需做好以下几个方面的工作：

（一）进一步制定保护传统文化资源的具体措施

保护传统文化资源是当代传承传统文化的前提。要使保护工作落到实处且卓有成效，还必须采取合理有效的保护方法和措施，具体措施如下：

首先，实行系统性立法保护。各省、自治区、直辖市应根据国家相关的文化保护法规，对传统文化资源采取相应的立法保护措施。

其次，实行传承性保护。传承性保护主要是针对非物质文化遗产项目传承人的保护。在非物质文化遗产的保护中，对项目传承人的保护应该是保护工作的重点。被命名为民族民间传统文化传承人的应当是"本地区、本民族群众公认为通晓民族民间传统文化活动内涵、形式、组织规程的代表人物"，或者是"熟练掌握民族民间传统文化技艺的艺人"，或者是"大量掌握和保存民族民间传统文化原始文献和其他实物、资料的公民"。其命名应当经过本人申请或他人推荐，并经审核、批准的程序。传承人可以按师承形式选择、培养新的传人。民族民间传统文化传承人依法开展的传艺、讲学及艺术创作、学术研究，受到政府条例的保护。对于被命名的民族民间传统文化的传承人，命名部门应当为他们建立档案，支持其传承活动。生活确有困难的，由当地政府适当给予生活补助。只有对传承人实施有效保护，才能保护遗产类文化资源的原真性、多样性和完整性。

最后，实行知识产权保护。近年来，优秀传统文化被抢注事件屡屡发生，杭州就发生过老字号被抢注，最后不得不高价购回商标的事件，为传统文化保护敲响了警钟。传统文化遗产是人们在长期的生产生活过程中，在前人经验的基础上进行了自己的创造，形成了自己的特色。因此，很多项目涉及知识产权的问题。保护传统文化，明确传承人也好，确定项目也好，这本身也是对于这些传承人所创造的技艺和文化传统的认可。设立保护人、保护项目本身也是保护知识产权的重要措施,有些还要和保护知识产权的法律法规结合起来,使保护逐步走上科学化、规范化、法治化的道路,使创造成果能够得到法律的保护。

(二)因地制宜开发本土传统文化资源

国家鼓励各地结合自身特色,采取灵活多样的形式,开发利用本土传统文化资源。

第一,依托现代艺术设计开发地方本土文化资源。对地方文化资源的开发是一项长期艰巨的任务,是一项规模宏大的系统工程,对文化资源开发的宣传传播,必须营造其舆论氛围并形成开发的共同信念和文化联系,以吸引全国各行各业都参与进来,并吸引国外资本、技术、人才投入开发中,加快开发的进程,提高开发的效果,实行最广泛的信息交流与沟通。现代艺术设计可凭借本身具有的文化特质和丰富的内涵,担当起沟通传统与现代的角色。

第二,以旅游为突破口,开发地方本土传统文化资源。旅游在促进文化发展方面能发挥重要作用。首先,文化发展应该是一个内容和形式协调共进的过程。文化的内容通过各种形式表现出来,这些形式主要包括语言文字、艺术表现、生活习俗、家居建筑,等等。通过旅游这个媒介,文化表现形式得到了发展和创新,其蕴含的内容也通过旅游者的鉴赏得到传播和发展,文化发展的内容和形式有机地匹配在一起,实现了二者的协调共进。其次,文化发展应该是一个继承和摒弃共同存在的过程。通过旅游这个平台,提供了让广大社会公众自发地、共同地了解传统文化内容的机会,使人们对传统文化的重新审视和整体把握建立在符合社会公众的整体需求之上,从而为传统文化的继承与扬弃提供了时代标准。此外,旅游对文化发展最直接的作用表现为,它将文化资源转化为社会大众可以消费的商品,随之又为文化的发展提供了资金。在发挥旅游对文化促进作用的同时,必须注意到,旅游自身的发展并不会带来对文化资源的自觉保护。因此在发展旅游的过程中,应提高对保护文化资源的认识,做到合理开发利用,实现旅游与文化双赢。合理地开发利用文化资源是旅游的可持续发展之道。合理开发利用文化资源的关键是要保护文化资源持有者的主体地位。这个主体地位既表现在经济利益的获取上，也表现在文化的保护、创造、发展上。文化的保护、创造、发展都要以当地群众为主体，使保护、创造、发展的文化仍然是本来的文化，而不是仅仅为吸引游客生造出来的"伪文化"。

二、学术研究与大众普及兼顾

传统文化的传承必须做到学术研究和大众普及兼顾。一方面，调动各地、各级学术界参与传统文化传承的积极性，使之深入研究，为传统文化的继承提供学术保障；另一方面，调动民众的积极性，让传统文化的继承和发展成为自觉的民间行为。

(一)加大学术研究的力度

传统文化的传承首先离不开深入的学术研究。只有通过学术界的深入研究，才能剔除糟粕、吸取精华，正确认识和把握传统文化，更好地弘扬传统文化。

(二)加快大众普及的进程

传统文化博大精深，然而，传统文化在大众中的普及度还不够。大众虽然生活在具有深厚传统文化的大地上，被传统文化包围着，但是对传统文化的精髓知道的还比较少，这是不利于传统文化继承和发展的。传统文化的传承离不开传统文化在大众中的普及，即要求各个阶层、各类群体积极参与，使每一个社会成员，不论其身份、地位和职业如何，都能认同传统文化，并且都应以适当的方式致力于传统文化的继承和发展。广泛普及优秀传统文化，让传统文化的继承与发展成为自觉的民间行为，使传统文化变成民众的精神食粮，加快传统文化大众普及的进程。

三、传承内容的符号化

符号是什么？维基百科中将符号定义为，"在一种认知体系中，符号是指代一定意义的意象，可以是图形图像、文字组合，也不妨是声音信号、建筑造型，甚至可以是一种思想文化、一个时事人物"。总之，它是从自然基础上构筑的第二性的、派生的、模式化的内容。这个性质一方面意味着在创造文化符号的过程中，人的想象力和创造力有无尽的发挥空间，另一方面符号是一种抽象的东西，它可以通过最现代的手段传播及派生。文化符号化是什么？所谓文化符号化是文化的物化，即把较为抽象的文化内容用具体的物象来表示。通过文化符号让文化传播形成一种气势。

在传统文化继承和发展的过程中，由于中国文化的博大精深，因此传承过程中有一定的难度。为了让传统文化更好地、更快捷地深入人心，让传统文化的内容有相应的物质载体，如城市的公共场所、小区建设、街道名称甚至道路、桥梁的建设都要容纳、渗透传统文化内涵，使之成为优秀传统文化的符号。也只有通过传统文化的符号化，才能加速其发展，扩大其普及范围，进而提高文化竞争优势。由于城市和乡村有着迥异的文化传承方式、特征和主体，因此下文就城市和乡村的传统文化符号化分别加以研究。

（一）城市传承传统文化的符号化

就目前城市的市政建设来看，大多具有现代或西方气息，传统文化内涵的凸显还不够。就我国大部分城市的街道命名来看，几乎都是千篇一律：和平路、文明路、建设路、劳动路等缺少传统文化内涵的名字比比皆是。当然，这样的命名无可厚非。但是，如果从传统文化的继承角度或者从一个城市的文化品位、文化底蕴来说，这样的命名还是需要商榷的，毕竟一个城市有一个城市的内涵、历史和文化积淀。经营城市不仅要重视高楼大厦的建设，还要重视城市的文化积淀，要将城市文化经营好，用城市已有的传统文化资源来促进经济的发展。

通过将传统文化符号化,使一个城市的传统文化向人们的生活深处渗透,进而向人们的心灵深处沉浸,使文化与城市的现在与未来相生相容,永久地影响着一个城市。

(二)农村传承传统文化的符号化

农村是传统文化存续的主要空间,而传统文化则是新农村文化的根基。近年来,一些地方在村庄建设中,不少老村庄因为拆迁等诸多原因已渐趋消失,古民居、古祠堂、古石刻、古桥、古井等文化遗址也不复存在,一些具有乡村自然生态文化特色的村庄也逐渐被一个个千篇一律、面孔雷同的村庄所取代。为了优秀传统文化在农村得到更好的继承与发展,将传统文化的内容符号化是比较可行的一个措施。例如:打造不同特色的乡村旅游。

通过农村传统文化的符号化,解读出它的历史年轮、演变规律,尤其是内在的精神意蕴,确保有效传承。

四、传承模式的日常化

传统文化因其大众化的特点而与民众生活紧密联系、不可分割。所谓传承模式的日常化就是要凸显传统文化在民众日常生活中的普遍性和广泛性。传统文化不仅仅是在课堂里、书本中学习和研究的文化符号,而应当变成一种能够不断地向民众日常生活的各个领域推延、扩展的内在力量。传承传统文化需要建构一种能够对传统文化资源进行转化、传播的有效机制,对传统文化中具有恒久价值的经典内容进行复制与"拷贝",使其家喻户晓。充分挖掘传统文化中的优秀因子,将它们转化成不同类型、不同样式的艺术作品,通过电影、电视、漫画、网络游戏等现代媒体技术形式进行广泛传播。用传统文化将不同社会群体的思想聚合在一起,以这种方式来提高不同社会群体的文化共识,使那些在艺术的审美与文化的消费领域相对自由的个性取向在对文化身份的认同中得到整合,进而建构公众对于传统文化的普遍共识。传统文化只有实现传承模式的日常化,与广大民众的日常生活紧密联系,才能突破因经典厚重而易被"束之高阁"的命运,以鲜活的生命和永久的魅力在民众的日常生活中得以世代传承。

第三节 探索建立新时代我国优秀传统文化的传承方式

传承方式是指优秀传统文化传承过程中使用的具体方法、模式、渠道、工具和手段,等等。在向现代社会转型的过程中,优秀传统文化的传承方式既包含了过去传统的一些传承方式,同时也囊括着蕴含时代特征的现代传承方式。传统的传承方式有教育、文献记载、群体活动和口传身授等,现代传承方式则已经增加了电子媒体、场馆等传承方式。古代对优秀传统文化的传承,教育发挥了很重要的作用,特别是各种学校教育,在古代文化传承过程中发挥了关键性作用。尽管今天科技已经高速发展,教育也呈现多种多样的形式,但是对于孩童至青少年的群体而言,学校教育依旧是文化传承的主要形式;传统文化中许多精粹在历史的发展中逐渐沉淀在了风俗礼仪、岁时节令以及大型民俗活动中,因此通过这些群体性活动进行文化传承也是极其直接有效的一种方式;在科技高速发展的今天,各类资讯充斥于我们身边,各种媒体蓬勃发展,所以在现代社会中传承优秀传统文化还要充分利用媒体传承,既包括古代传统典籍等纸质媒体,也包括网络、手机等现代媒介;优秀传统文化的传承离不开一定的场所,因此重视加强图书馆、展览馆、博物馆等传承场所的建设也非常有必要。

一、发挥教育基础性作用,建立优秀传统文化的接受机制

一直以来,各类教育在优秀传统文化传承的过程中都发挥着基础性和先导性作用。"从中国教育历史发展来看,学校教育这个场域以及这种载体形式在传承与发展中国传统文化中是任何其他场域和形式都无法替代的。"人是文化的创造者,而且不仅是优秀传统文化的传承主体,最终也是优秀传统

文化传承的客体。如果优秀传统文化无法深入取得广大人民群众的文化认同,无法成为大家内心最稳定的心理结构和精神动力,优秀传统文化的传承就毫无意义。因此只有将优秀传统文化变成每个中华儿女内心深处的文化认同,成为每个人自觉自在的行为准则,才是优秀传统文化传承的真正意义。优秀传统文化真正使人们产生文化认同,并内化为个人行为准则规范的根本途径就是通过教育的方式。教育具有综合性、阶段性、长期性、渐进性、全面性的特点。教育不是简单的知识记忆而是通过知识启蒙,实现人的从自然到理性状态的提升,具备一定的创造力和创新力,这是现代人的本质特征。只有受过教育的人才能从内心深处认同中华文化,才能真正担当起传承优秀传统文化的重任,才能创新创造优秀传统文化,推进中华民族的伟大复兴。但是目前中国在开展优秀传统文化教育上还有一些显著问题,例如,尚未在全社会范围内形成开展中华优秀传统文化教育的氛围和共识,对中华优秀传统文化内容和体系本身的认知和理解还比较混乱,传统文化教育内容的安排和设计的系统性和整体性不足,教育过程中过多侧重进行知识性普及,而对文化精神实质阐述和文化结构解析相对较弱,传统文化课程设置的系统性和教材编写的体系化有待完善,从事传统文化教育教学的师资队伍整体水平有待提高,全社会共同参与的教育合力有待加强等。我们必须坚持以习近平总书记一系列关于文化的讲话精神为指导,围绕立德树人的根本任务,以人的全面自由发展为最终目标,以优秀传统文化仁爱精神为主线,在教育过程中注重自然科学知识和传统人文知识两者有机和谐统一,不断培养学生的科学理性思维和人文关怀;要积极探索青少年成长成才的规律,充分掌握青少年群体心理趋势和需求,寻找传统文化教育契合点;注重加强基础教育和高等教育的有机衔接和联系,加强优秀传统文化教育的针对性,既做到因材施教又能实现不同层次教育的一体化;不断繁荣哲学社会科学,以哲学社会科学为基础,为优秀传统文化教育教学奠定良好学科背景和基础;加强优秀传统文化与公民理性思维培养和公民社会建设相结合,推进社会伦理道德的层层落实,为建设美风良俗的公民社会打下基础;

不断深化传统文化教育教学改革,加强传统文化课程体系的系统性设计安排,建立优秀传统文化课程标准,有针对性、系统性地编写优秀传统文化专业教材,并组织编写具有大众性、趣味性的优秀传统文化普及读物,加强优秀传统文化教学方法的改革与创新,鼓励教师在传统文化授课方式上充分运用现代数字媒体技术,提高优秀传统文化的教育能力;加强传统文化教师队伍的进修与培训,建设一支素质高、专业强的传统文化师资队伍;充分利用青年学生年龄特点,依托学生社团组织开展形式多样的传统文化活动,在校园内营造传承优秀传统文化浓厚氛围;加大对国家民族语言文字的保护,在全世界范围内推广汉语。通过各种形式,最终实现优秀传统文化的代代传承。

二、开发和完善媒介传承方式

长期以来,中国文化的传承方式是以口头传承和行为传承为主,随着文字的普及,书籍、报纸、杂志、传单、小册子等纸质媒介,越来越成为文化传承的主要媒介,但是口头传承和行为传承并未消失。周星曾经撰文指出,"传承大都在日常生活中被人们反复实践着,或口耳相传,或'以心传心',或借助文字、教育及其他各种包括非语言的方式(行为)而代代相传"。随着科学技术的发展,当代世界发展日新月异,视频、图像、影像等电子媒介已经逐渐取代报纸、书籍等纸质媒介。现代传媒的出现,使得文化传承打破时空界限,时间与空间的隔阂逐渐消除,使得文化传承具备了广泛性与自由性,同时在传承的过程中不断增加知识性与娱乐性,产生出独特而强大的创造力、冲击力、传播力和感染力。例如,央视拍摄的《舌尖上的中国》,通过对中国传统美食的介绍唤起人们对以往生活的怀念和追寻,通过电视媒介将传统文化中的美食文化在青少年群体中传承下来;许多电视台通过对中国各地民俗文化风情的介绍,在吸引大量的游客的同时,也传承了文化。所以,当代人们的生产生活方式被各种电子视听全面覆盖,并深受影响,电子媒介传承将成为文化传承的主导。因为"每一个社会成员不再是旧格局下被动的信息接收者,而是网络传播格局中不可忽视的信息选择主体、内容创造主体、传播发布主体"。利用电子媒介进行文化传承成为当代文化传承的主要方式和手段,挤占了过去传统的传承渠道。越来越多的人知道和了解传统文化不是通过日常生活的言行传承,也不是纸质媒体,而是电子媒体。电子媒体在大众生活中的无孔不入,使得人们随时随地都有可能接触到媒体所传播的信息。在电子媒介传承的语境下,广告文字、电影、电视、网络等传承方式,让我们能处处感受到传统文化的魅力。

三、发挥文化场馆的传承作用

文化场馆是传统文化传承的集散地,提供一种可触摸的、具象化的、体验式的现实载体,是人与传统文化交互碰撞影响的传承空间,是展品、参观者和社会文化交互碰撞的学习空间,可以在相对有限的实体空间内,囊括传统文化精髓,并以丰富多彩的形式进行展示,切实增加参与者的了解度和亲近感。文化场馆具有范围广、内容短小精炼、简单直观、氛围浓厚、场域独特、周期长、影响大等特点,在传承优秀传统文化方面发挥了不可替代的作用。文化场馆或传统文化体验馆的建立,为传承艺人们技能的发挥、文化的传承提供了更广阔的平台,保护了优秀传统文化传承的积极性。文化场馆还能为热爱传统文化的青少年提供一定的实习、就业机会,让更多的年轻人亲身参与优秀传统文化的传播与发扬。所以我们要高度重视文化场馆在优秀传统文化传承中的作用,积极研究和制定充分利用文化场馆进行文化传承的方案和制度。

第四节 提升我国优秀传统文化的世界竞争力和影响力

许多人认为,文化之所以能够生生不息地发展进步,根本原因在于文化交流。文化交流使得许多不同性质、形态的文化彼此相互交流、相互学习、相互包容、相互借鉴,在碰撞中产生出一种全新的更高层次的文化形态。"文化一旦产生,首先开始在民族内部传播,继而传播到民族地区以外去,这就形成了文化交流。文化交流是推动社会前进的动力之一。"当今世界最显著的特征莫过于全球化,不管人们欢喜还是厌恶,全球化的浪潮已经席卷到世界的每一个角落,推动世界绝大多数的国家和民族发生不同程度的变化。全球化推动了世界各民族的文化交往,使文化对话和交往在现代高科技基础上迅速发展,使文化开放潮流不可抗拒。因此,中国只有进一步加大传统文化走出去的力度,走向世界,加强与世界各民族的交流与交往,中华优秀传统文化才有更强的辐射力、影响力和生命力。没有世界竞争能力和扩张能力的文化,终究会归于被影响和被融合。同时在走出去的过程中,还要牢固树立文化安全意识,抵御文化霸权,保持中华民族传统文化的独特性与单一性。

一、积极实施"走出去"战略,推广中华优秀传统文化

文化发展依靠交往实践。改革开放以后,中国打开国门,实行自由开放的市场经济政策,从此中国经济、社会、政治、文化等方面取得了巨大成就,中华民族逐渐屹立于世界东方,全世界都开始将眼光聚焦在中国。所以在当代,中华优秀传统文化传承面临近现代以来前所未有的大好时机。我们要加大实施中华优秀传统文化走出去和引进来的力度,积极向世界推广和传播中华优秀传统文化。

二、树立文化安全意识,抵御文化霸权

国家文化安全,是一个涉及国家民族文化主权、文化形象、民族精神创造力、综合国力以及国家长治久安的战略性问题。[①]在全球文化日益多元化发展的今天,文化安全更加成为影响和制约国家民族生存和发展的战略安全中的非常重要的一部分。虽然和平与发展成为当今世界的主题,但是在经济全球化的冲击下,当前我国文化发展依旧面临非常复杂的形势:"既要参与经济全球化的历史进程,又要抵御西方国家推行的文化霸权和文化殖民,即全球化进程中强势文化形成的超时空、跨地域的浪潮,正在有力地冲击着以民族、国家为基础的世界文化存在的全部合法性与合理性"。既要大力传承中华优秀传统文化,又要应对处理好我国社会向现代转型过程中的西方落后腐朽价值理念和文化商品化倾向在思想文化领域的渗透和冲击。因此,文化安全是国家安全综合体系中一个非常重要的组成部分,对于确保和维护国家政治、经济、军事等各项安全具有非常重要的意义。

---

①韩源,张林.中国国家文化主权及其战略构建[J].当代世界与社会主义,2017(4):8.

第五章 优秀传统文化传承创新拉动文化产业发展

第一节 文化产业的地位与作用

文化旅游产业把文化与旅游相结合,抓住了文化与旅游的内在联系,顺应了文化产业与旅游产业相融合的规律,明确了中国旅游产业发展的方向。因此,当前与未来发展文化旅游产业,在我国具有重要意义与作用。

第一,文化产业与旅游产业的融合有利于促进我国旅游产业新格局的形成。新时代的发展和变化对旅游产业不断提出新要求,旅游产业的发展进入了一个全面调整和提升的新时期,而此时文化产业与旅游产业的融合,为旅游产业的发展注入了新鲜的血液,带来了新的活力。不仅如此,在新一轮的产业整合与竞争中,旅游产业新格局的形成必将同文化产业与旅游产业的融合发展相联系。可以说,文化旅游产业的发展,有利于促进我国旅游产业新格局的形成。

第二,文化产业与旅游产业的融合有利于促进我国旅游产业发展方式的转变。我国旅游产业的发展总体档次低、发展方式落后。文化旅游产业的发展,一方面有利于用文化来提升旅游产业的品位与档次,促进旅游产业发展方式的转变;另一方面,通过旅游业来为文化产业的发展提供载体,通过对传统文化的再创新与产业化,实现由单一的文物观光型向文化体验型转变,既弘扬我国优秀的历史文化,又塑造现代文化,实现旅游产业由量到质的转变,从而推动旅游经济的全面发展。

第三,文化产业与旅游产业的融合有利于旅游产业功能的完善。旅游产业不仅具有解决劳动者就业、带动经济发展的功能,更具有促进人们身心健康、增加知识、提升境界的功能。过去一味地强调旅游产业的经济功能,而其他功能被弱化,现代旅游业教育与提升人们境界的功能越来越突出,文化产业与旅游产业融合发展有利于推动以公益目的、教育目的、文化传播目的为主导的旅游产业的发展。

第四,文化产业与旅游产业的融合有利于促进先进文化的传播。在文化旅游产业发展中,通过推出一批文化创意产品,让静态的文化资源活起来,使静态文化动态化、地下文化显性化,从而既有利于弘扬传统文化中的优秀与先进部分,又有利于建设现代文化,促进先进文化的广泛传播。

第五,文化产业与旅游产业的融合有利于促进旅游目的地品牌价值的充分兑现。一般来说,文化旅游目的地是文化遗迹分布密集的地方,在国内外具有很高的知名度与品牌价值,是该地区或国家一张重要的名片。发展文化旅游产业,有利于丰富旅游内涵,提升旅游品位。

第二节 文化产业存在的问题及对策

尽管我国文化旅游产业已取得显著进步,但由于起步较晚、发展时间短,文化旅游的融合发展道路仍面临种种问题。为实现文化旅游产业的不断发展,未来还需从多方面着手提升产业品质,深度挖掘旅游文化内涵,建立良性的产业运行机制。

一、文化旅游存在的问题

第一,特色挖掘不够。现阶段,文化旅游资源开发面临的问题是缺乏深度、广度,致使相关产品级别、层次、品位不高。同时,文化与旅游的结合不够,没有充分挖掘独具特色的地方文化资源,游客体验效果不佳。

第二,资金投入不足。无论是文化产业,还是旅游产业,都需要大量资金支持,更何况是两者融合的文化旅游产业。然而,国内文旅项目多由政府投资,资金受到一定限制。资金投入不足既影响到项目推进,也影响到地方文化建设和旅游服务配套体系的完善。

第三,宣传力度有限。在特色资源挖掘不够、资金投入不足的背景下,文化旅游产品的包装、宣传等市场运营方面也受到很大影响。特别是资金匮乏,导致难以建立完善的宣传机制,无法进行多角度、大范围的宣传。

第四,专业人才稀缺。文旅产业发展不尽人意,很大程度上受制于人才的缺乏,尤其是兼具文化、旅游专业知识的复合型人才。此外,还缺乏专业的、高水平的导游人员,对文化旅游产品的体验造成一定影响。

二、文化旅游的发展对策

针对上述问题,未来要从多个方面制定对策加以解决。目前来说,至少要从以下三个方面推动文化旅游产业的进一步发展:

首先,深化文化旅游的管理体制改革。随着文化与旅游之间的融合更加紧密,对文化旅游管理体制提出新的要求,未来要将文化管理系统与旅游管理系统进行结合,以适应文旅产业的深入及新型化发展。

其次,开发旅游资源,促进文旅产业的品牌化发展。文化旅游资源的开发核心在于文化创意,今后要在结合当地文脉的基础上通过旅游形式体现,以促进文化旅游资源的深度开发和文旅产业的品牌化发展。

最后,加快人才培养,夯实旅游产业的发展基础。文化旅游产业涉及内容众多,与其他产业联系紧密,为实现文化旅游的可持续发展,必须加快人才培养,提高从业人员素质,充分发挥我国人力资源丰富的优势。

第三节 优秀传统文化传承创新对文化产业的影响

中共中央办公厅、国务院办公厅印发了《关于实施中华优秀传统文化传承发展工程的意见》(以下简称《意见》),在全国全面开展中华优秀传统文化传承发展工程,要求通过创造性转化、创新性发展,传承中华文化基因,汲取中国智慧、弘扬中国力量、中国精神,增强中华优秀传统文化的生命力和影响力,创造中华文化新辉煌。到2025年,基本形成中华优秀传统文化传承发展体系。《意见》提出大力发展文化旅游,充分利用历史文化资源优势,规划设计推出一批专题研学旅游线路,引导游客在文化旅游中感知中华文化。

优秀传统文化的传承与发展是一项关乎国家和民族命运的战略性、全局性工程,涉及所有部门和领域,也是全社会的共同责任。旅游业作为一个以文化为灵魂、以保护传承和交流传播优秀文化为己任的现代服务业,在传承和发展中华优秀传统文化中能够发挥不可替代的重要作用。

首先,旅游是优秀传统文化展示的重要形式。《意见》提出保护传承文化遗产,加强历史文化名城名镇名村、历史文化街区、名人故居保护和城市特色风貌管理。文化是旅游的灵魂,旅游是文化的展示方式,无论是文化遗址、遗迹、文物、建筑、艺术景观等形式的物质文化遗产,还是以民间艺术、传统习俗、民族风情等为主要形式的非物质文化遗产,博物馆、艺术馆、遗址公园、文化公园、历史和文化街区等旅游公共产品都是它们最重要的展示方式和存在空间,可以旅游景观、休闲游憩活动、舞台或现场演艺、参与性体验节目、研学课程等产品类型,供游客观赏、体验和研修。优秀传统文化的社会价值,在很大程度上就是以旅游产品的形式、通过旅游的途径得到最有效的发挥。即使是那些融入城市发展、美丽乡村建设和生产生活的文化元素、文化符号,也是在以旅游公共资源、旅游公共设施等形式在为旅游者提供着旅游公共服务,或营造着旅游公共环境。

其次,旅游是传统文化传播交流的重要渠道。旅游本身就是一种通过人的流动来实现文化的外向传播与异地交流的重要渠道,在这一过程中,旅游者成为文化传播交流的载体。改革开放以来,随着我国国际旅游的快速发展,中餐、唐装、中华武术、中医药等最具代表性的中华文化,就是随着海外旅游者的脚步,从中国走向了世界各地。中华优秀传统文化要积极参与世界文化的对话与交流,无论是通过海外旅游者来中国旅游,将中华文化带向世界,还是通过中国公民出境旅游将中华文化向国外传播,旅游都是最直接、最有效的途径。即使是在国内旅游领域,优秀的历史文化、传统文化和现代红色文化等,也一直是我们开发研学旅游产品、红色旅游产品等最重要的文化资源。旅游成为文化交流传播最重要和最有效的渠道。

再次,旅游是传统文化创造性转化、创新性发展的重要手段。旅游业本身就是创新、创意型产业,旅游开发是文化创新的重要手段。优秀传统文化自身也要随时代而改变和发展,特别是在现代社会,更需要不断赋予传统文化新的时代内涵和现代表达方式,使中华民族优秀的文化基因能够与当代文化相适应、与现代社会相协调,能够让更多的现代人去理解、认知和接受。旅游能够通过与时俱进的创新、创意,以最让人喜闻乐见的方式去诠释传统文化的内涵,去表现传统文化的形态和特点,无论是嵩山的《禅宗少林》、G20的《印象西湖》,还是故宫的文创旅游商品和作为国礼的鲁班锁现代工艺品,都是在用文化创造的方式演绎中华文化的精髓,并将其转化为最容易被普通人接受的文化展示方式,甚至能够让那些有着不同文化背景的人也通过这种方式感知和体验中华文化的内涵。同时,这种旅游转化和创新发展方式,本身也是对传统舞台艺术、传统表演艺术、传统工艺美术以及传统文化展示方式的创新和发展。

最后,旅游是社会力量参与传统文化保护传承的重要途径。优秀传统文化的保护传承与创新发展,需要全社会的参与,特别是需要在政府的主导下,鼓励和引导社会力量广泛参与,并通过市场化手段,来吸引各种社会资本参与中华优秀传统文化的传承与发展。社会资本参与的文化传承发展项目,有公益性的,也有市场化的。而以优秀传统文化为主题进行市场化利用,旅游化开发和利用是最有效的途径和最重要的渠道。实际上,以旅游化利用为渠道进行优秀传统文化的保护与传承,已经在以往的实践中取得了巨大成就,特别是对非物质文化遗产的保护传承,"非遗"进景区、"非遗园"建设、"非遗"社区营造等成功的模式,都是通过旅游化利用途径、市场化运作渠道实现的。

总之,中华优秀传统文化的保护、传承与发展,需要全社会的共同参与,旅游业作为以文化为灵魂、以文化为资源的现代服务业,以其展示手段灵活、方式多样、传播面广、易于接受等特点,必将在中华优秀传统文化的保护与传承、创造性转化与创新性发展以及增强民族文化自觉与文化自信中发挥重要作用。

参考文献

[1]陈发祥.体验传统文化魅力肩负文化传承重担[M].合肥:合肥工业大学出版社,2020.

[2]陈晓希,申文明.新编中国传统文化[M].上海:上海交通大学出版社,2016.

[3]从云飞.中华优秀传统文化[M].北京:华文出版社,2021.

[4]金开诚.传统文化六讲[M].北京:北京出版社,2019.

[5]李建德,杨永利.中国道路的文化自信[M].北京:研究出版社,2018.

[6]李宽松,罗香萍.中国传统文化概论[M].广州:中山大学出版社,2018.

[7]刘恋.文化自信视域下中华优秀传统文化的传承与发展[M].长沙:湖南师范大学出版社,2022.

[8]陆通.中华优秀传统文化与文化自信[M].长春:吉林出版集团股份有限公司,2018.

[9]孟建安,苏文兰.中国文化概论[M].广州:暨南大学出版社,2016.

[10]秦海燕.优秀传统文化的传承与创新[M].长春:吉林出版集团股份有限公司,2018.

[11]杨敏.历史传统文化传承与发展[M].长春:吉林大学出版社,2018.

[12]姚倩倩.优秀传统文化传承与创新研究[M].北京:中国纺织出版社,2021.